Wie WIR leben
WOLLEN

Franziska Saxler

»Er hat dich noch nicht mal angefasst«

Ein anzüglicher Witz, ein Kompliment, eine private Einladung zum Essen – wo beginnt im beruflichen Alltag grenzverletzendes, sexualisiertes und machtmissbräuchliches Verhalten? Gibt es ein »perfektes Opfer«? Warum sind Menschen, die mit Geschlechterstereotypen brechen, häufiger betroffen? Und wie kann es sein, dass Betroffene Schuld empfinden? Psychologin Franziska Saxler beleuchtet Macht- und Diskriminierungsstrukturen im Arbeitsumfeld. Sie räumt mit dem Klischee des zu kurzen Minirocks auf und gibt Impulse für den Umgang und die Vermeidung von Belästigungen.

Saxler hat als Promovierende in der Psychologie selbst Beschwerde wegen grenzüberschreitenden Verhaltensweisen eingereicht, öffentlich darüber gesprochen und mit anderen Betroffenen *#metooscience* gegründet. In ihrem Buch erklärt sie anschaulich und fundiert, was sexualisierte Belästigung eigentlich genau ist und was Betroffene tun können, um sich zu wehren. Denn im Kern geht es bei Belästigung niemals um Liebe, sondern immer um Macht.

Franziska Saxler

»ER HAT DICH NOCH NICHT MAL ANGEFASST«

Sexualisierte Belästigung und Machtmissbrauch im Job – und wie wir uns davor schützen können

Ullstein

Besuchen Sie uns im Internet:
www.ullstein.de

Wir verpflichten uns zu Nachhaltigkeit
• Papiere aus nachhaltiger Waldwirtschaft und anderen kontrollierten Quellen
• Druckfarben auf pflanzlicher Basis
• ullstein.de/nachhaltigkeit

Ein Buch der Ullstein-Reihe *Wie wir leben wollen*,
herausgegeben von Silvie Horch

FSC www.fsc.org MIX Papier | Fördert gute Waldnutzung FSC® C014496

Ullstein ist ein Verlag der Ullstein Buchverlage GmbH
1. Auflage 2024
ISBN: 978-3-550-20278-0

Covergestaltung: Cornelia Niere
Covermotiv © NatalyFox / Shutterstock
Illustrationen im Innenteil: © Serena Bossia

Gesetzt aus der Minion
Satz: Dörlemann Satz, Lemförde
Druck und Bindearbeiten: GGP Media GmbH, Pößneck

INHALT

Vorwort 9
Vom Traumjob in die Hölle 20
#metooscience 36
Was ist eigentlich Belästigung? 42
Überlebensmodus 49
Belästigung und Geschlecht 63
Macht am Arbeitsplatz 76
Ein teurer »Spaß« 88
Mythos Belästigung 95
Wer wird zum Belästiger? 113
Das perfekte Opfer 126
Wer wird gehört? 142
Toxisches Arbeitsumfeld 155
Brauchen wir neue Gesetze? 172
Wut statt Schuld 189
Heilung 202
Epilog 209
Dank 212
Quellen 214
Über die Autorin 223

Für meine Mutter Ursula.
Meine Großmütter Barbara und Marlene.
Meine Urgroßmütter Waldtraut, Franziska,
Ruth und Anna.
Ich danke euch für jeden aufrechten Gang.

I'll be quiet when
we can say *sexual assault*
and they
stop screaming *liar*

– rupi kaur

Vorwort

Für mich gab es lange nichts Größeres als die Forschung im Bereich der Psychologie. Menschliches Verhalten zu beschreiben, es messbar zu machen, um es dann sogar noch vorhersagen zu können – das war für mich unglaublich kraftvoll. Heute ärgere ich mich über den Preis, den ich für meine Leidenschaft zahlen musste.

Ich saugte die Forschung, mit der wir uns im Psychologiestudium beschäftigten, regelrecht auf. Während sich viele Kommiliton:innen vor dem Lesen von wissenschaftlichen Artikeln drückten und es kaum erwarten konnten, dass wir uns statt mit Statistik und Methodenlehre wieder mehr mit »coolen« Fächern wie Klinischer Psychologie beschäftigten, kam ich mir vor wie ein Pinguin, der endlich herausgefunden hatte, wie einfach Schwimmen ist. Ich tauchte tief ein in die wissenschaftliche Arbeit und wollte nichts anderes mehr machen.

Als ich anfing, an der Universität zu arbeiten, freute ich mich darauf, mit meiner Arbeit Dinge verändern zu können. Ich mochte den Anspruch auf Objektivität, den die Forschung versprach. Ich lernte, Meinung von Fakten zu trennen und den Dingen auf den Grund zu gehen. Heute kommt mir der universitäre Betrieb alles andere als nobel vor, und ich frage mich inzwischen, wie objektiv Forschung sein kann, die bis heute zum größten Teil auf den Ideen und Lebensrealitäten nur einer Personengruppe fußt: weiße, heterosexuelle Cis-Männer. Eine gute Theorie ist falsifizierbar und generalisierbar – sie sollte also eine Vorhersagekraft für verschiedene Kontexte, Populationen und Situationen haben. Mit den vorherrschenden Machtverhältnissen ist das für die sozialwissenschaftliche Forschung eine Herausforderung. Weil vor jeder Theorie eine Fragestellung steht und die Fragen, die wir uns stellen, maßgeblich von der eigenen Lebensrealität abhängen. Machtverhältnisse bestimmen, welche Ideen finanziert werden, wer als grandioses Nachwuchstalent gilt und wessen Ideen als trivial abgetan werden.

Leon Festingers Idee der kognitiven Dissonanz gilt seit den Sechzigern als herausragend, und er selbst wird als Begründer eines der wichtigsten psychologischen Phänomene seiner Zeit bis heute gefeiert. Spätestens nach dem ersten Semester ist Festingers Forschung jeder Studierenden der Psychologie ein Begriff. Kognitive Dissonanz ist, wenn Einstellungen nicht zueinander passen und das zu einem unangenehmen Erregungszustand führt, den man dann reduzieren möchte. Ein Beispiel: Ich mag Andre, Andre ist ein Nazi, ich mag keine Nazis – passt nicht zusammen. Die unangenehme Spannung, die dadurch entsteht, kann dazu führen, dass ich entweder Andre weniger mag oder Nazis mehr. So weit, so nachvollziehbar. Weniger nachvollziehbar ist allerdings, dass das Forschungsteam von Festinger die Theorie der kognitiven Dissonanz unter anderem getestet hat, indem es Frauen zwölf obszöne Wörter wie »fuck« oder »Penis« zusammen mit lebhaften Beschreibungen sexueller Aktivitäten als »Peinlichkeitstest« ausgesetzt hat. Damit wollten die Forschenden testen, ob die Frauen nach dem »Peinlichkeitstest« eher daran interessiert sind, mit Leuten über weniger peinliche Dinge zu reden. Was aber hat es mit kognitiver Dissonanz zu tun, Frauen im Labor zu belästigen? Hätten die Forschenden mit ein paar Frauen gesprochen, vielleicht sogar mehr Frauen im Team gehabt, dann wäre sicher jemandem aufgefallen, dass sich belästigte Frauen nach der Tat schlecht fühlen. Und wären nicht die allermeisten Studien über Stressreaktionen an männlichen Körpern getestet worden, dann wäre das Experiment vielleicht nicht als Beweis für kognitive Dissonanz interpretiert worden. Sozialwissenschaftliche Forschung, die von nur einer Personengruppe gemacht wird, kann dem Anspruch an Generalisierbarkeit und Objektivität nicht gerecht werden. Das ist schade, denn Forschung hat das Potenzial, menschliche Phänomene abzubilden, zu erklären und sie dadurch sichtbar zu machen. Das brauchen wir! Deshalb bin ich froh, dass sich im Forschungsbetrieb gerade einiges ändert. Und trotzdem: An dem Ort, an dem ich meine Dissertation angefangen habe, galt Forschung, die sich mit Diskriminierungsfragen beschäftigt, bei den meisten Profs als weniger klug, weniger finanzierenswert, trivial und langweilig. Es handle sich um keine »richtige« Forschung, so die Haltung.

Ungefähr ein Jahr nachdem ich meine erste Doktorarbeit begonnen hatte, blieb mir die Wahl: Ich konnte entweder offiziell Beschwerde gegen meinen Doktorvater wegen seines grenzüberschreitenden Verhaltens mir und meinen Kolleginnen gegenüber einreichen, oder ich konnte schweigen, so wie die meisten vor mir. Damit hätte ich aber sicher auch dazu beigetragen, dass nach mir weitere Kolleginnen dieser Situation ausgesetzt werden würden. Ich reichte also die Beschwerde ein, und mehr als ein Dutzend Frauen taten es mir daraufhin gleich. Die Entscheidung, über das zu sprechen, was an dem Lehrstuhl passierte, bedeutete für mich auch, dass all die Arbeit, die ich bis dahin in meine Doktorarbeit gesteckt hatte, umsonst gewesen sein würde. Denn die Daten, die sich aus der Zusammenarbeit mit meinem ehemaligen Doktorvater ergaben, gehörten rechtlich uns beiden, es handelte sich um unser gemeinsames geistiges Eigentum. Diese Daten für eine Doktorarbeit oder einen wissenschaftlichen Artikel zu verwenden hätte also bedeutet, weiter mit ihm in Kontakt bleiben zu müssen. Das war nach meiner Beschwerde absolut unmöglich. Zu diesem Zeitpunkt löste alleine die Vorstellung, mit ihm in einem Raum zu sein oder auch nur eine Mail von ihm zu bekommen, starke Angstreaktionen in mir aus. Nach einem Jahr an dem Lehrstuhl litt ich unter ständigen Albträumen, Angstzuständen, Flashbacks und war vollkommen ausgebrannt.

Insgesamt kostete mich das Ganze zwei Jahre. Zeit, die ich in meine Forschung hätte stecken können, so wie andere Doktorand:innen, die keinem übergriffigen Verhalten ausgesetzt waren. Ich begann zu glauben, dass ich vielleicht einfach nicht für die Forschung gemacht sei. Dass meine Haut wohl zu dünn dafür sei. Die Mitarbeiter:innen, die nicht betroffen waren, bekamen zwar mit, wie sich mein Doktorvater verhielt, blieben jedoch untätig. Erst nachdem ich mich persönlich und dann wissenschaftlich mit dem Thema auseinandergesetzt hatte, verstand ich, dass ich gar nicht das Problem war. Dass das Problem größer ist, als ich es mir hätte vorstellen können.

Ein Jahr nachdem ich Beschwerde eingereicht hatte, wechselte ich die Uni und begann eine neue Doktorarbeit. Mein Thema: »Sexualisierte Belästigung am Arbeitsplatz«. Ich lernte, wie normal es war, was ich nach der Belästigung erlebt hatte. Die schlaflosen Nächte, das Gefühl, selbst das

Problem zu sein und mit niemandem sprechen zu können, die Schlussfolgerung, dass ein Arbeitsumfeld, das so ein Verhalten einfach hinnimmt, vielleicht nicht das richtige für mich sei – all das sind klassische Reaktionen auf sexualisierte Belästigung am Arbeitsplatz. Unzählige Studien zu dem Thema belegen das.

Sexualisierte Belästigung ist eine Form von geschlechtsbezogener Gewalt und damit auch eine Form der Diskriminierung. Nur dass sich sexualisierte Belästigung in der Regel nicht mit blutigen Wunden belegen lässt. Es ist deshalb wichtig, Gewalt als Spektrum zu verstehen, das Mikro- und Makroaggressionen miteinschließt, wobei die Summe von Hässlichkeiten im täglichen Umgang eben auch Gewalt ist. Wenn ich von sexualisierter Belästigung am Arbeitsplatz spreche, meine ich unerwünschte Verhaltensweisen, die das Ziel haben, eine andere Person aufgrund ihres Geschlechts herabzuwürdigen, zu erniedrigen oder zu bedrohen. Ich nehme eine Definition aus der sozialpsychologischen Forschung und gehe damit über die strafrechtliche Definition von sexueller Belästigung hinaus. Denn ich schließe ausdrücklich Verhaltensweisen mit ein, die nicht sexuell sind, wie zum Beispiel wiederholte ungewollte Einladungen zum Essen. Das ist deshalb wichtig, weil das, was in der Praxis der Rechtsprechung als »sexuelle Belästigung« gehandhabt wird, nicht ausreicht, um den Schaden auszudrücken, den sexualisiert belästigende Verhaltensweisen bei Betroffenen anrichten. Ich spreche von sexualisierter Belästigung, um mich klar von diesem juristischen Denken abzugrenzen. Für mich ist auch nebensächlich, ob jemand beweisen kann, was passiert ist. Weil es hier um die Lebensrealitäten all jener gehen soll, die bisher auch deshalb kaum gehört wurden, weil ihnen eine Beweispflicht für ihr Erleben auferlegt wurde.

Wieso sollten wir nur über Dinge sprechen dürfen, für die es handfeste Beweise gibt? Was ist mit unserem Erleben, unserer Erinnerung? Der Begriff »sexualisierte Belästigung« berücksichtigt außerdem, dass es bei Belästigung nicht in erster Linie um Sexuelles geht, selbst wenn sexuelle Inhalte benutzt werden. Weil es dabei um Macht und nicht um Liebe oder Anziehung geht.

Ich berücksichtige in meiner Definition auch rein verbale Belästigung, ebenso wie die Tatsache, dass Druck nicht nur durch explizite Erpressung, sondern zum Beispiel auch durch die zugrunde liegenden Machtverhältnisse entstehen kann. Starke Machtgefälle begünstigen die Auftretenswahrscheinlichkeit von sexualisierter Belästigung, das ist statistisch belegt.

Nehmen wir meinen Fall: An Universitäten sind Machtgefälle stark ausgeprägt. Professor:innen sind meist auf Lebenszeit verbeamtet und entscheiden fast im Alleingang über akademischen Erfolg oder Misserfolg. Ob die Studentin, die eine gute Note in der mündlichen Prüfung braucht, oder die Doktorandin, die hofft, dass ihr befristeter Arbeitsvertrag verlängert wird – sie alle sind auf das Wohlwollen des Profs angewiesen. Dass diese Macht von einigen ausgenutzt wird, ist unstrittig. Ähnlich verhält es sich in der Medizin. Der stark ausgeprägte Geniekult, das extrem kompetitive Umfeld und die strikten Hierarchien führen dazu, dass Ärzt:innen in höheren Positionen oftmals das Korrektiv fehlt. Ein Machtvakuum, das verheerende Folgen haben kann, das zeigt die Forschung.

Eine Sache, die alle Formen von Diskriminierung gemein haben, ist, dass oftmals Strukturen und Mechanismen vorherrschen, die es Betroffenen schwer machen, über ihre Erlebnisse zu sprechen. So hören wir ihre Geschichten kaum.

Wir haben keine Repräsentationen ihrer Lebensrealitäten, und es herrscht ein gesellschaftliches Ungleichgewicht in den Geschichten, die wir uns erzählen.

Ich schreibe dieses Buch, weil es wichtig ist, darüber zu sprechen, wie wir solche Lücken in der Kommunikation überwinden können. Konsensregeln zu diskutieren ist eine Form, wie das gehen kann. Nehmen wir doch mal unser gutes altes »Warum hat sie denn nicht Nein gesagt?«. Es ist sehr kontextabhängig, ob Menschen das Gefühl haben, sie könnten in einer Situation Nein sagen. Manche Umstände machen es schwieriger bis unmöglich – Abhängigkeitsverhältnisse zum Beispiel. Am Arbeitsplatz herrschen oft Abhängigkeitsverhältnisse, die die Konsens-Grundbedingung der Freiwilligkeit kompliziert machen. Denn wie kann man wissen, ob eine Person wirklich Ja meint oder sich nur nicht traut, Nein zu sagen, weil sie denkt, ihr Job hängt davon ab? Es ist wichtig, eine gesellschaftliche Diskussion darüber zu führen, was in solchen Kontexten in Ordnung ist und was nicht und wie Konsens überhaupt hergestellt werden kann.

Institutionen tragen Verantwortung für ihre Mitarbeitenden und sind gesetzlich dazu verpflichtet, diese vor Diskriminierung – und damit auch vor sexualisierter Belästigung – zu schützen. In der Praxis funktioniert das allerdings nicht so gut, wie Studien über die Auftretenshäufigkeit und Folgen von Belästigung zeigen. Das liegt unter anderem daran, dass sich die Handhabe der meisten Institutionen gegen sexualisierte Belästigung allein an dem strafrechtlichen Grundsatz *in dubio pro reo* (also »Im Zweifel für den Angeklagten«) orientiert. Dieser strafrechtlich wichtige Grundsatz dient dazu, eine statistisch sehr unwahrscheinliche Fehlverurteilung zu vermeiden. Solange sich Maßnahmen gegen Belästigung aber lediglich danach richten, wird den Betroffenen weiter die Bürde der Beweisführung auferlegt, zusätzlich zu dem, was ihnen widerfahren ist.

Eine Freundin von mir, ich nenne sie hier Lina, ist vor einigen Jahren gegen ihren ehemaligen Doktorvater vorgegangen. Der hatte ihr gesagt, dass er ihr in den Bauch treten würde, wenn sie schwanger werden sollte, um das Baby »wegzumachen«. Schon vorher hatte er immer wieder betont, sie dürfe bloß nicht schwanger werden. Diese Gewaltandrohung war nur die Spitze seines Verhaltens, das schon in den Jahren zuvor oft grenzwertig gewesen war. Drei Jahre lang hatte er versucht, sämtliche Bereiche ihres Lebens zu kontrollieren, und sich dabei stark in ihr Privatleben eingemischt. Er sagte ihr zum Beispiel, sie solle weniger Zeit mit ihren Freund:innen verbringen und ihren Mann nicht heiraten. Als Lina ihrem Chef sagte, dass sie sich wegen der Gewaltandrohung unsicher fühle, entgegnete der, dass sie emotional überreagiere und es an der Zeit wäre, professionell zu werden. Daraufhin beschwerte sie sich offiziell über ihren Chef. Sie wusste zu dem Zeitpunkt bereits von anderen Frauen, die sich ebenfalls über ihn beschwert hatten. Ich werde nie vergessen, wie sie mir davon erzählte, wie sie mit einem großen Koffer an eventuell nutzbaren Beweismaterialien zu ihrer Anhörung erschien. Sie zeigte den Justiziar:innen der Uni all ihr über Monate mühsam aufbereitetes Beweismaterial und erzählte das Erlebte. Obwohl es für viele der Situationen, die sie schilderte, Beweise gab und Zeug:innen für die Gewaltandrohung, zeigten sich die Zuständigen wenig beeindruckt. Das Ganze zog sich zwei Jahre lang. In der Zeit beendete Lina ihre Doktorarbeit mit neuer Betreuung. Wenn sie ins Büro ging, hatte sie von nun an immer eine Trillerpfeife dabei. Die gab ihr das Gefühl, wenigstens irgendetwas machen zu können, sollte ihr alter

Chef ins Büro kommen. Schließlich erhielt sie einen Brief. In dem stand, dass keine weiteren Schritte gegen ihren Doktorvater eingeleitet würden. Sie als Psychologin hätte vorher erkennen müssen, dass sich ihr Doktorvater zukünftig übergriffig verhalten könnte, und das Verhalten frühzeitig unterbinden müssen. Wie genau, erklärten die Zuständigen nicht. Außerdem gebe es kein Machtgefälle zwischen ihr und ihrem Chef und sie hätte zugelassen, dass sich eine emotionale Bindung zwischen ihnen entwickelte. Was in dem Schreiben nicht stand: dass es für die Zuständigen schlichtweg leichter war, Lina selbst die Schuld für das übergriffige Verhalten ihres Chefs zu geben. Weil sich Betroffene in der Regel nicht wehren und Beschuldigte das Recht haben, ihre Arbeitgeber zu verklagen, wenn diese den Betroffenen glauben. Im Falle meiner Freundin war das alles aber auch schon egal, weil sich der Professor bereits an eine ausländische Universität abgesetzt hatte. Diese wusste natürlich nichts von dem laufenden Verfahren gegen ihn – denn im Zweifel für den Angeklagten.

2022 schrieben zwei Journalist:innen vom *Spiegel* darüber, was mir und anderen Kommilitoninnen widerfahren ist. »Hat der Wissenschaftsbetrieb ein #MeToo-Problem?« lautete die Überschrift. In unserem Fall gab es drei Jahre nach Einreichung unserer Beschwerden an der Uni keine ersichtlichen Konsequenzen, obwohl wir uns Unterstützung erbaten. Das toxische Arbeitsklima an unserem Lehrstuhl öffentlich zu machen und mit Journalist:innen über unseren Fall zu sprechen, erschien uns der einzige Weg, um zu verhindern, dass das Ganze einfach im Sande verlief. Wir erhoben unsere Stimmen.

Ich schreibe dieses Buch, weil ich es kann, weil ich das Privileg habe, zu sprechen. Das liegt daran, dass es für alle Situationen, die ich in diesem Buch beschreiben werde, schriftliche Beweise gibt. Oder aber es gibt Augenzeug:innen, die meine Sicht bestätigen, sowie andere Personen, die ähnliche Geschichten erzählen können. Dass ich sprechen kann, liegt aber auch daran, dass ich die finanziellen Mittel hatte, die Unterlassungserklärung nicht unterschreiben zu müssen, mit der ich bestätigen sollte, dass ich nicht mehr in der Form über meine Erfahrungen an der Universität sprechen würde. Eine Unterlassungserklärung dient dem Zweck, bestimmte Handlungen zu unterbinden. Das ist rechtlich etwas anderes als ein NDA (*Non-Disclosure Agreement*), das den Austausch und Schutz »vertraulicher Informationen« regelt. Beide Dokumente können jedoch dazu verwendet werden, Menschen zum Schweigen zu bringen. Im *Spiegel*-Podcast *NDA* wird genauer erklärt, wie das funktioniert. Ich konnte eine Anwältin beauftragen und es auf ein gerichtliches Verfahren ankommen lassen. Viele haben diese Möglichkeit nicht. Deshalb erzähle ich in diesem Buch zunächst Teile meiner eigenen Geschichte und ordne dann das Erleben von MeToo am Arbeitsplatz mithilfe von weiteren Geschichten wissenschaftlich ein. Im letzten Teil dieses Buches soll es darum gehen, wie wir vom kollektiven Trauma der Grenzüberschreitungen heilen können. Ich hoffe, dass sich alle Menschen, die sich in meinen Geschichten wiederfinden, durch das Erzählte und durch die wissenschaftliche Einordnung gesehen fühlen. Und ich möchte zeigen, dass es möglich ist, die eigenen Erfahrungen zu teilen, ohne sich von anderen als Opfer klassifizieren lassen zu müssen.

Dieses Buch erzählt von meinen eigenen Erfahrungen mit Belästigung. Ich schreibe dieses Buch aber vor allem als Psychologin, die seit geraumer Zeit zu diesem Thema forscht. Wieso fällt es Betroffenen so schwer, sexualisiert belästigendes Verhalten zu erkennen und richtig einzuordnen? Wer sind eigentlich diese Täter und wer ist in den Augen unserer Gesellschaft ein gutes Opfer? Was können Arbeitgeber:innen tun, um Belästigung vorzubeugen? Und wieso wird das Thema immer noch totgeschwiegen?

Wir verbringen sehr viel Zeit bei der Arbeit mit unseren Kolleg:innen. Sollten wir nicht intensiver darüber nachdenken, wie und mit wem wir zusammenarbeiten wollen? Was die Spielregeln unserer Zusammenarbeit sind? All das sind Themen, mit denen ich mich in meiner Forschung beschäftige und um die es in diesem Buch geht.

Als Betroffene und als Expertin weiß ich, wie schwer es ist, eine diskriminierende Situation zu erkennen – und angemessene Schritte einzuleiten. Derartige Konflikte am Arbeitsplatz haben selten juristische Ansprüche zur Folge. Das ändert sich erst, wenn ein Umfeld geschaffen wird, in dem Einschüchterungen, Anfeindungen, Erniedrigungen, Entwürdigungen oder Beleidigungen benannt werden und keinen Raum mehr haben.

Dieses Buch soll stark machen, damit auch diejenigen ihre Stimmen erheben können, die bisher geschwiegen haben.

Vom Traumjob in die Hölle

Es war kurz nach Mitternacht, und ich lag schon im Bett, als mich eine WhatsApp-Nachricht erreichte. Mein zukünftiger Chef wünschte mir frohe Weihnachten und schrieb, dass sich am Lehrstuhl schon alle sehr auf mich freuten. Dass er mir schon vor meinem Start am Lehrstuhl schrieb, erschien mir wie ein gutes Zeichen.

Schnell überprüfte ich mein WhatsApp-Profilbild. Ich hatte nicht darüber nachgedacht, dass er mir dort schreiben könnte. Zum Glück war das Bild unbedenklich, ein Selfie von mir und meiner Schwester, fröhlich, auf keinen Fall unangemessen. Ich schaute mir sein Bild an, auf dem er vor einem Foto von einem Mann posierte. Beide eine Kippe im Mund, beide rissen ihre Augen weit auf. Aber war das nicht Klaus Kinski? Dieser exzentrische Schauspieler und Regisseur, der für seine herausragenden künstlerischen Leistungen ebenso bekannt war wie für seine Wutausbrüche und für den Kindesmissbrauch an seinen beiden Töchtern?

»Ist das ironisch oder ernst gemeint?«, fragte ich mich. Immerhin ist Sören H.* ein renommierter Professor, der

---

* Zum Schutz der Personen wurden Namen, Biografien und Handlungsorte verändert.

hohes Ansehen in der Forschungsgemeinschaft genießt. Außerdem hatte er bereits zugestimmt, dass ich im Rahmen meiner Dissertation auch Genderforschung betreiben könnte. Jemand, der dem Thema gegenüber aufgeschlossen ist, konnte so ein Bild doch höchstens gesellschaftskritisch meinen, dachte ich mir und schob die Gedanken an Klaus Kinski beiseite.

Ich konnte es kaum erwarten, mein Doktorat anzufangen. Eigentlich hatte ich mir fest vorgenommen, nach meinem Master eine Pause zu machen und nach Indien zu reisen – aber das Stellenangebot hatte meinen Plan schnell über Bord geworfen. Die Doktoratsstelle war meine große Chance; es an diesen Lehrstuhl in meiner Lieblingsstadt geschafft zu haben, erfüllte mich mit Stolz. Die Menschen, die dort arbeiteten, sind für ihre herausragende Forschung bekannt, und ich hatte insgeheim schon seit Jahren mit dem Lehrstuhl geliebäugelt. Das unbezahlte Praktikum an der Uni und die Tage, an denen ich mir einen Wecker für fünf Uhr morgens gestellt hatte, um neben meiner Tätigkeit als Hilfskraft an der Universität noch genug Zeit zum Lernen zu haben, hatten sich gelohnt. Auch dass ich einen Zweijahresvertrag mit 70 Prozent Gehalt bekam, war etwas Besonderes: Meistens bekommen Doktorand:innen in Deutschland trotz Vollzeitarbeit nur Gehalt für 50 oder höchstens 60 Prozent ihrer Stunden.

Ich freute mich auf meine Kolleg:innen. Mit einer Kollegin tauschte ich mich bereits über mögliche Genderprojekte aus und hoffte, dass wir bald ein Projekt zusammen aufsetzen würden. Es sollten einige Monate vergehen, bis mir meine Kollegin gestand, dass sie die E-Mail, die ich ihr geschickt hatte, an meinen zukünftigen Doktorvater weitergeleitet hatte. Ich wusste zu dem Zeitpunkt noch nicht, dass es zwischen den beiden üblich war, sich über die Kolleg:innen am Lehrstuhl intensiv auszutauschen. Meine Kollegin leitete ihm oft alle möglichen Details über mich und andere Kolleginnen weiter: Fotos von mir, von denen ich nicht wusste, dass sie aufgenommen, geschweige denn mit ihm geteilt wurden, oder Informationen aus meinem Privatleben, die ihm ohne meine Zustimmung zugetragen wurden. Auf meine Mail über mögliche gemeinsame Forschungsprojekte mit meiner Kollegin hatte Sören H. mit 23 Smileys geantwortet. »Mensch, wie lieb die auch schreibt!«, kommentierte er die Mail. »Man möchte die gleich auf der Weihnachtsfeier mit Eierlikör abfüllen.«

Einen Monat später war es endlich so weit. Mein erster Arbeitstag, ich platzte fast vor Aufregung. Sören H. machte zunächst eine Tour durch die Gebäude mit mir und klopfte an verschiedene Türen, um mich überall vorzustellen. Dabei lief er in den Büros der Kolleg:innen auf und ab, während diese in der Regel hinter ihrem Schreibtisch verweilten, teilweise verlegen, teilweise amüsiert. Gelegentlich fasste er ungefragt Dinge an oder kommentierte Fotos. Ich spürte die Anspannung, die die Kolleg:innen in seiner Gegenwart zu haben schienen, wusste diese aber nicht einzuordnen. »Das war ja wie bei Stromberg«, platzte es aus mir heraus, als wir mit unserer Bürotour fertig waren. Er lachte laut und sagte, dass ich aber eine ganz Freche sei.

Einige Kolleg:innen waren nicht da, deshalb gab er mir bei einem Spaziergang am Kanal noch mal einen Überblick – es waren Kommentare über die Belegschaft, die ich im Ton und in der Bewertung unangenehm und irritierend fand.

Im Treppenhaus begegneten wir einer weiteren Kollegin. »Das ist die Karen. Karen, bist du jetzt endlich schwanger?«, fragte er sie. Sie starrte ihn schockiert an, lachte aufgeregt, ließ die Frage aber unkommentiert. Es war ersichtlich, dass ihr die Situation unangenehm war. Sobald sie außer Hörweite war, erklärte er mir, dass er gefragt habe, weil sie kürzlich geheiratet hatte und es offensichtlich sei, dass sie nun schwanger werden wolle. Ich wusste nicht, was ich erwidern sollte, und dachte verlegen an meine eigene bevorstehende Hochzeit. Ich hatte keineswegs vor, während der Dissertation schwanger zu werden, und überlegte, ob ich ihm das sagen sollte, aber irgendwie ging es ihn ja auch nichts an. Ein paar Wochen später bekam ich Wind davon, dass er tatsächlich ähnliche Schlussfolgerungen in Bezug auf mein Privatleben getätigt hatte. Nur wenige Tage nach Beginn meiner Anstellung sagte er zu zwei Kolleginnen, dass er mich falsch ausgesucht habe. Da ich jetzt heiratete, würde ich direkt schwanger werden und ihm folglich gar nichts mehr bringen.

Ich fand damals nur wenige Worte für das, was da passierte. Ich wusste, dass etwas falschlief, dass das Verhalten meines Doktorvaters sexistisch war. Nur die Ohnmacht, die ich als Reaktion darauf verspürte, die konnte ich mir nicht erklären. Begriffe wie Machtmissbrauch, geschlechterbezogene und sexualisierte Belästigung oder Mobbing waren mir zwar vorher schon über den Weg gelaufen, mein Konzept davon war aber unvollständig, geprägt von falschen Vorstellungen, von Mythen. Mir fehlte die Sprache, um auszudrücken und einzuordnen, was ich erlebte, und so schwieg ich länger, als mir lieb war.

Der Begriff »sexuelle Belästigung am Arbeitsplatz« ist in Deutschland erst seit den 1960er-Jahren gebräuchlich, was daran liegt, dass das damit assoziierte Verhalten weitestgehend normalisiert war und ist. Menschen, die vor dieser

Zeit belästigt wurden, konnten nur schwer beschreiben oder einordnen, was ihnen passiert war. Wenn sie es dennoch versuchten, wurden ihre Erfahrungen in der Regel als harmlose Flirts abgetan oder nur als problematisch anerkannt, wenn sie mit körperlicher Gewalt einhergingen. Belästigende verstanden deshalb oft nicht, wie unangemessen ihr Verhalten war. Sie mussten nicht reflektieren, warum ihr Verhalten problematisch war, sondern profitierten davon.

Das änderte sich erst, als immer mehr Menschen begannen, Belästigung beim Namen zu nennen und darüber zu sprechen, dass sie unter solchem Verhalten litten. Darüber, dass es sie belastete und daran hinderte, in Ruhe ihrem Job nachzugehen. So wurden gesellschaftliche Debatten losgetreten, die übergriffiges Verhalten diskutierten und problematisierten. Im Jahr 1977 erschien der erste Artikel zum Thema mit dem Titel »Angequatscht, betatscht, vernascht« im *Stern*-Magazin. Acht Betroffene kamen dort zu Wort. Die Frauen, die in dem Artikel namentlich vorkamen, waren nach Veröffentlichung des Artikels Anfeindungen, weiteren Belästigungen, obszönen Telefonanrufen und Drohungen ausgesetzt. Weil sie es gewagt hatten, über ihr eigenes Erleben zu sprechen. Eine von den Frauen ist Annelie, mit der ich für dieses Buch sprechen durfte. Sie ist die erste Frau, die in Deutschland gegen Belästigung am Arbeitsplatz geklagt hat. Im Kapitel »Mythos Belästigung« erzählt sie von den Attacken, denen sie ausgesetzt war.

Erst 14 Jahre später ließ die damalige Bundesfrauenministerin Angela Merkel eine erste bundesweite Studie zum Thema Belästigung durchführen. Mit dem Ergebnis, dass sexualisierte und geschlechterbezogene Belästigung am Arbeitsplatz ein epidemisches Ausmaß angenommen hatte. Drei von vier Frauen hatten demnach sexualisierte Belästigung erlebt. Jede zweite Frau gab an, anzüglichen Bemerkungen ausgesetzt zu sein, also geschlechterbezogene Belästigung zu erleben. Jeder fünften Frau wurde schon einmal unerwünscht an die Brust gegrapscht, und jede zehnte Frau hatte eine Aufforderung zu sexuellem Verkehr durch Vorgesetzte oder Kollegen erlebt.[1] Ein Jahr später legte Merkel den ersten Entwurf eines Gesetzes gegen sexuelle Belästigung vor, wofür sie viel Spott erntete. Die *Bild am Sonntag* veröffentlichte ein unvorteilhaftes Foto von ihr und titelte hämisch: »Würden Sie diese Frau einstellen?«

Auf meinen ersten missglückten Arbeitstag folgten Monate, in denen mein Chef meine persönlichen Grenzen immer wieder herausforderte oder überschritt. So bat er mich zum Beispiel eines Morgens, ihn mit meinem Auto bei sich zu Hause abzuholen, damit wir gemeinsam zur Arbeit fahren könnten. Als ich bei ihm angekommen war, erreichte mich folgende Nachricht per Whatsapp: »Ich habe ewig viel von dir geträumt komischerweise! Das ist jetzt gerade so für mich, als hätten wir schon die letzten Stunden miteinander verbracht.« Ich verzichte darauf, mehr Situationen anekdotisch zu erzählen, denn mir geht es in diesem Buch darum, ein System aufzuzeigen, nicht darum, eine einzige Geschichte in all ihren Facetten zu erzählen. So viel sei jedoch gesagt: Er hat mich noch nicht mal angefasst, und trotzdem war mein Leben zu der Zeit ein täglicher Kampf um meine Grenzen. Es fühlte sich für mich an, als würde er so lange an mir herumzuzerren, bis ich innerlich zerbrach. Mit dieser emotional sehr anstrengenden Arbeit hatte ich nicht gerechnet, als ich die Stelle antrat. Mir ging es psychisch immer schlechter, worunter auch meine Beziehungen litten. Ich konnte nicht mehr schlafen, hatte häufig Albträume. Die Situation bei der Arbeit und das ständige Zerren an meinen Grenzen holten auch alte Erinnerungen hoch. Manchmal wusste ich nicht mehr, ob ich von meinem Chef träumte oder von dem Typen, der mir mit 17 im Club K.-o.-Tropfen in meinen Drink gemischt hatte, alles wurde wirr und dunkel. Die Ehe, die ich gerade erst eingegangen war, konnte meiner Traurigkeit nicht standhalten, und auch von meinen Freundinnen zog ich mich mehr und mehr zurück. Mich zu isolieren fühlte sich schlichtweg am sichersten an. Was da genau mit mir passierte, verstand ich erst sehr viel später.

Dass ich das Verhalten meines Chefs nicht gut einordnen konnte, ist nicht untypisch. Obwohl aktuelle Zahlen zeigen, dass etwa 60 Prozent der Frauen und non-binären Personen Belästigung am Arbeitsplatz erleben, bezeichnen nur ungefähr zehn Prozent das Verhalten als Belästigung.[2] Das kann viele Gründe haben. Wir sind zum Beispiel deutlich besser darin, Belästigung bei anderen zu erkennen als bei uns selbst. Außerdem ist das Benennen der Belästigung oft mit Befürchtungen verknüpft. Studien zeigen, dass Betroffene die erlebte Belästigung nicht als solche benennen, um Beziehungskonflikten vorzubeugen oder um ein Gefühl von Identität und Kontrolle zu wahren. Sie glauben, ihre eigenen Emotionen besser regulieren zu können, wenn sie das Label vermeiden, oder möchten ganz einfach den Glauben an eine gerechte Welt nicht aufgeben.[3] Beziehungskonflikte vermeiden zu wollen ist dabei der ausschlaggebendste Grund von allen. In einem meiner Experimente fand ich heraus, dass dieser Grund am stärksten vorhersagt, ob eine Person, die Belästigung erlebt, das Verhalten auch als Belästigung bezeichnet. Ein aufgeklärtes Arbeitsumfeld, das auf zwischenmenschlichem Vertrauen beruht, ist also zentral dafür, dass sich Betroffene trauen, ihre Lebensrealitäten anzuerkennen und auch darüber zu sprechen. Ein weiterer Grund, Belästigung nicht als solche anzuerkennen, kann sein, dass das Verhalten einfach nicht klar erkannt wird, dass das Konzept von Belästigung unvollständig oder nicht abrufbar ist. Ich habe immer gedacht: Solange ich nicht angefasst werde, ist nichts je schlimm genug, als dass ich darüber sprechen darf. Die Forschenden Mollie Jaschik und Bruce Fretz zeigten Versuchspersonen in einem Experiment Videomaterial von einer belästigenden Situation. Diese sollten danach in offenen Fragen angeben, wie sie das Beobachtete einordnen. Die Versuchspersonen gaben an, dass das Verhalten unter anderem unhöflich, sexistisch oder erniedrigend sei. Nur drei Prozent sagten, es handle sich um eine sexualisierte Belästigung. Als die Versuchspersonen danach jedoch direkt gefragt wurden, ob es sich bei dem im Video gezeigten Verhalten um eine sexualisierte Belästigung handle, antworteten 98 Prozent mit »Ja«.[4] Die Studie zeigt, dass Menschen Schwierigkeiten haben, übergriffiges Verhalten von sich aus als Belästigung zu erkennen und einzuordnen, selbst wenn sie zustimmen, dass es sich tatsächlich um eine solche handelt. Ein Grund dafür: Was wir gesellschaftlich und strafrechtlich als Belästigung definieren, ist sehr stereotyp, also stark vereinfacht und von gesellschaftlichen Narrativen geprägt: Narrative darüber, was eine »echte Belästigung« und wer ein »gutes Opfer« ist. Viele nachweislich schädliche Verhaltensweisen werden so von der Mehrheit gar nicht erst mitgedacht.

Das Stereotyp einer Belästigung am Arbeitsplatz ist von sexueller Natur. Ein Mann zwingt eine ihm hierarchisch unterstellte Frau zu körperlicher Kooperation, indem er ihr explizit Vorteile verspricht oder mit Nachteilen bei mangelnder Kooperation droht. Auch ich hatte diese Bilder im Kopf, als ich meine Arbeit am Lehrstuhl begann. Die Wahrheit ist: Diese Fälle gibt es zwar, die allermeisten Belästigungen sehen aber anders aus. Zum Beispiel funktionieren sie – entgegen dem Stereotyp – zu 90 Prozent ganz ohne irgendwelche Erpressungen oder Androhungen von negativen Konsequenzen.[2] Das macht sie aber nicht weniger unerwünscht. Oder weniger schädlich. Da am Arbeitsplatz oft Abhängigkeitsverhältnisse und Machtstrukturen vorherrschen, braucht es auch keine explizite Erpressung, um Druck zu empfinden, sich auf eine gewisse Art verhalten zu müssen. Außerdem sind die allermeisten Belästigungen verbaler Natur, es wird (erst mal) niemand angefasst. Erst mal, denn Belästigende testen oft schrittweise ihre Grenzen aus. Bekommen sie für leichtere Grenzüberschreitungen keinen Gegenwind, trauen sie sich weiter vor. Fragt man Betroffene, was sie davon abhält, ein Label für die Belästigung zu verwenden, so sagen sie, sexualisierende oder beleidigende Kommentare und »Witze« seien Teil des Arbeitsumfelds. Die meisten Betroffenen befürchten außerdem, dass das Erlebte nicht schwerwiegend genug ist; die Belästigung wird als »Spaß« und »keine große Sache« abgetan.[3]

Auch ich habe lange geglaubt, dass belästigende und beleidigende Kommentare nun mal dazugehören und es mir lediglich an einem »dicken Fell« fehle, um eine erfolgreiche Wissenschaftlerin zu werden. Das Verhalten meines ehemaligen Chefs war am Lehrstuhl weitestgehend so normalisiert, dass sich niemand, der nicht selbst attackiert wurde und sich dagegen hätte positionieren können, daran zu stören schien. Wenn ich heute überlege, wann sich bei mir ein

Problembewusstsein eingestellt hat, dann wohl, als mir nach einigen Monaten am Lehrstuhl klar wurde, wie systematisch das grenzüberschreitende Verhalten war. Ich begann damit, meine Erlebnisse nach und nach anderen Frauen anzuvertrauen, ganz zaghaft, ohne ein Label, einfach mit dem Zusatz, dass ich mich in seiner Gegenwart nicht wohlfühlte. So vertrauten sich auch mir viele von den Frauen an, die an dem Lehrstuhl kamen und gingen. Ich bemerkte, dass kaum eine unbeschadet davonkam. Ehemalige Angestellte sagten, er habe ihre wissenschaftliche Karriere zerstört. Andere sagten, sie hätten sich sein Verhalten immer damit schöngeredet, dass er ihnen auch wissenschaftliche Möglichkeiten bot. Jetzt könnten sie ja aus Loyalitätsgründen nichts mehr tun. Eine weitere Kollegin öffnete sich mir und erzählte schüchtern von ihren jahrelangen Angstattacken in seiner Gegenwart, die nächste berichtete, wie sie einmal stundenlang auf dem Boden lag, ohne sich bewegen zu können, nachdem ihr in ihrer Studie ein Fehler unterlaufen war. Sie hatte solch große Angst, ihm das zu sagen.

Das Leid meiner Kolleginnen zu sehen machte es mir nicht nur leichter, meine eigene Situation anzuerkennen, es entzündete auch eine Art Feuer in mir. »Vielleicht sind wir ja auch gar nicht das Problem?«, dachte ich und wandte mich zusammen mit meiner Kollegin Victoria an die Gleichstellungsbeauftragte der Fakultät. Die sagte, dass derartige Verhaltensweisen das übersteigen, was sie sonst so bearbeite, und leitete uns an die Gleichstellungsbeauftragte der Uni weiter, die uns sagte, wir sollten doch einen Bericht erstellen und im Dekanat und beim Rektor einreichen. Ich schrieb den Bericht und begann zu dokumentieren, was alles Unangemessenes passierte. Den Entschluss, das Ganze einzureichen, fasste ich nach einer sehr unangenehmen Weihnachtsfeier.

Im Vorfeld der Feier hatte ich einige Grenzen abgesteckt. Ich hatte etwa darum gebeten, dass nur in Maßen Alkohol angeboten werden sollte und wir die Feier zumindest für die Studierenden um 21 Uhr beenden würden. Weil ich von anderen Doktorandinnen gehört hatte, wie diese Weihnachtsfeiern mit ihm gerne endeten. Als mein ehemaliger Chef jedoch nach 21 Uhr völlig betrunken wütend durch den Flur schrie, wer sich bitte diese Scheiße ausgedacht hätte, die Weihnachtsfeier um 21 Uhr zu beenden, verstand ich, dass all das nichts bringen würde. Weil das Machtgefälle zwischen mir und ihm bedeutete, dass ich immer am kürzeren Hebel sitzen würde. Meine Grenzen wurden an diesem Ort nicht nur belächelt, sondern als Provokation verstanden und benutzt, um mich zu schikanieren. Irgendwann an diesem Abend schaute mich eine Kollegin an. Wir waren beide so dermaßen am Limit, das stand uns ins Gesicht geschrieben. »Die Hütte muss brennen, Franzi!«

Dass belästigende und grenzüberschreitende Verhaltensweisen abgetan und bagatellisiert werden, ist bizarr, schließlich zeigt die Forschung schon seit den 1970er-Jahren klar, wie schädlich das Ganze ist. Betroffene leiden nicht nur psychisch, sie distanzieren sich auch von den Systemen, in denen sie einer solchen Gewalt ausgesetzt sind und nicht geschützt werden. Die meisten orientieren sich irgendwann beruflich um.[2] Da Menschen, die Belästigung erleben, meistens zu Personengruppen gehören, die in ihren Arbeitsbereichen ohnehin unterrepräsentiert sind (z. B. Frauen, queere Personen, People of Color oder Personen mit Behinderung), ist es wahnwitzig, dass im Zuge der vielen Diversitätsdebatten heutzutage so wenig über Belästigung gesprochen wird.

Belästigendes Verhalten als solches anzuerkennen und selbst zur Betroffenen zu werden, tritt viele unkontrollierbare Prozesse los. Plötzlich ist man ein »Opfer«. Das kostet Energie, die nicht attackierte Personen in ihre Karriere stecken können. Es folgen ungefragte Zuschreibungen, etwa dass es einem Opfer ständig schlecht gehen muss. Der selbst gewählte Umgang mit dem Erlebten wird von außen bewertet und beurteilt. Das Umfeld oder Kolleg:innen fragen, warum man nicht alles Erdenkliche unternommen habe, wenn die Situation doch so schlimm sei. Unternimmt man etwas, ist es unglaublich schwer und anstrengend, sich jedes Mal rechtfertigen zu müssen, wenn man über die Geschehnisse spricht. »Ja, damit hättest du rechnen müssen, wenn du dich offiziell beschwerst«, habe ich zum Beispiel oft gehört. Genauso wie Fragen, die auf seltsame Art das Verhalten meines Chefs und damit mein Erleben relativieren sollten. Die elende Frage »Warum hast du nicht Nein gesagt?« war plötzlich überall, ob auf der gerunzelten Stirn meines Bekannten oder als Teil der Zeuginnenaussage an der Uni. Ich musste feststellen, dass die Frage nach dem »Nein« selbst dann noch gezückt wird, wenn man schon erklärt hat, dass man »Nein« gesagt hat. Sie ist wie ein nebliger Schleier, der über die Situation gelegt wird, um eine klare Sicht und jegliches Verständnis von Anfang an unmöglich zu machen.

Gelegentlich ließ ich mich ernsthaft darauf ein. Ich erklärte anderen, wie ich meine Grenzen aufgezeigt hatte, um in der nächsten Situation zu erleben, wie diese abermals überschritten wurden. »Ja, das hätte man schon noch deutlicher sagen können« oder »Ja, wenn es so schlimm ist, warum bist du dann noch da? Kündige doch!« bekam ich dann zu hören. Zum Glück war ich jedoch inzwischen tief in meinem Inneren überzeugt davon, dass ich genauso in die Forschung gehörte wie jede andere Person, die nicht attackiert wurde. Ich sah es nicht ein, die Konsequenzen für ein Verhalten zu tragen, das ich nicht verursacht hatte. Gleichzeitig wusste ich, dass ich einen Teil der Konsequenzen ohnehin tragen musste, einfach weil das System keine alternativen Lösungen für mich hatte. So war zum Beispiel klar, dass, sobald Sören H. über meine Beschwerde informiert werden würde, all die Arbeit, die ich bis dahin für meine Doktorarbeit geleistet hatte, umsonst gewesen sein würde. In der Hoffnung, meine Doktorarbeit schneller fertig zu bekommen als üblich, hatte ich in dem Sommer, bevor ich Beschwerde einreichte, so viel und ambitioniert gearbeitet, wie es mir nur irgendwie möglich war. Ich dachte, das könnte mein Ausweg aus dem Ganzen sein. Und tatsächlich hatten wir am Ende des Sommers acht Experimente mit spannenden Effekten auf die Beine gestellt – genug Stoff, um meinen Doktor zu machen. Doch zu dem Zeitpunkt hatte ich bereits Angstzustände, wenn ich nur daran dachte, mein E-Mail-Fach zu öffnen und dort eine Mail von ihm zu lesen. Ich überließ ihm also die hart erarbeiteten Daten und bewarb mich auf eine neue Promotionsstelle zum Thema sexualisierte Belästigung am Arbeitsplatz. Die unangenehme Wahrheit ist: Wenn es um Gewalt und Diskriminierung geht, ist es meistens am sichersten und einfachsten, zu schweigen. Das heißt aber nicht, dass es auf lange Sicht das Richtige ist. Weder für unsere Psyche noch für die Gesellschaft. Hätte es all die Frauen vor mir nicht gegeben, die den Mut hatten, über ihre Erlebnisse zu sprechen, dann hätte ich noch nicht mal die Chance gehabt, mich zu beschweren.

Nachdem ich Beschwerde an der Uni eingereicht hatte, wurde ein Verfahren losgetreten, über dessen Ablauf und Ausgang ich bis heute kaum etwas Handfestes weiß. Das Verfahren war weiß Gott nicht meine Idee, es sollte sich jedoch herausstellen, dass die Uni gar keine anderen Umgangsformen für diese Art der Beschwerde hat. Später lernte ich, dass es normal ist, dass sich Hochschulgesetze und Betriebsgesetze an der strafrechtlichen Definition von Belästigung orientieren. Dadurch geht es, sobald sich jemand beschwert, sofort darum, wer recht hat. Die Schuldfrage muss geklärt werden. In einer Welt, in der der (wichtige) Grundsatz »Im Zweifel für den Angeklagten« gilt, ist klar, wer diese Schuld am Ende in der Regel abbekommt. Situationen beweisen zu können – am besten auch noch schriftlich –, die unter vier Augen stattgefunden haben, ist pures Glück. So werden Menschen, die um Unterstützung bitten, unverhofft zu Zeug:innen, deren Glaubwürdigkeit erst mal im Verdacht steht. Als wären sie selbst Angeklagte, allein, weil sie offen über ihre Erfahrungen sprechen. Nur halt ohne dass ihnen juristischer Beistand oder auch nur eine ordentliche Beratung zustünde. Aber all das sollte ich erst sehr viel später lernen. Denn währenddessen hatte ich keine Ahnung, was vor sich ging und warum es mir psychisch immer schlechter ging.

Meine Glaubwürdigkeit musste also beurteilt werden, immerhin hatte ich mich ja beschwert. Ich war den Tests des Anwalts des Beschuldigten ausgeliefert – ohne Verteidigung eines Dritten oder der Uni. Deren Schutz hätte ich als Arbeitnehmerin ebenso erwartet und gebraucht wie der Beschuldigte, dessen Unschuld zu beweisen anscheinend von größerem Interesse war. Von meinem Arbeitgeber fühlte ich mich komplett im Stich gelassen. Jedes meiner Worte wurde auf Widersprüchlichkeiten geprüft. In Bezug auf meine Person gab es vermutlich so einige Glaubwürdigkeitsabzüge, wie ich später über den Buschfunk erfuhr. Meine Ehe ging immerhin parallel den Bach runter. Dann hatte ich mich auch noch in eine Arbeitskollegin verliebt. Der wurde unterstellt, sie hätte nur deshalb selbst eine Beschwerde eingereicht. Und außerdem konnte ich nicht ausschließen, schon mal an einem Joint gezogen zu haben, der im Rahmen eines Wochenend-Retreats unter Kolleg:innen rumging – schlechtes Opfer. Unglaubwürdiges Opfer. Man nannte das Ganze dann »unsteten Lebenswandel«. Inwiefern die Verteidigungsstrategien des Anwalts tatsächlich in das Urteil der Uni miteinflossen, kann ich nicht mit Sicherheit sagen. Schließlich wurde ich nie offiziell über Ausgang oder Ablauf des Verfahrens aufgeklärt. Alle Infos, die an mich herangetragen wurden, liefen über den Buschfunk, also »Hörensagen«. Was ich aber mit Sicherheit sagen kann, ist, dass allein die Idee, ich sei wegen meines Lebensstils unzurechnungsfähig und dass dies übergriffiges Verhalten rechtfertigen soll, in mir das Gefühl hinterließ, nicht er, sondern ich selbst sei das Problem gewesen.

Die Verteidigungsstrategien gegen meine Kolleginnen waren ähnlich bizarr. Der einen wurde unterstellt, sie sei selbst in unseren Chef verliebt gewesen und hätte eine intime Beziehung mit ihm gehabt. Wie er denn sonst von einer ihrer Narben wissen könne? Die nächste habe schlichtweg eine Vorliebe für Stripclubs. Eine weitere sollte Stellung dazu beziehen, dass sie sich in psychotherapeutischer Behandlung befand. Als würden uns all diese Dinge dazu bewegen, unsere Karrieren und unseren Seelenfrieden zu riskieren, um Lügen zu verbreiten. Ich frage mich bis heute, was für ein Frauenbild herrscht, wenn wechselnde (queere) Beziehungen, Freizügigkeit und psychotherapeutische Behandlungen uns im 21. Jahrhundert zu hysterischen Hexen machen und wir dadurch an Glaubwürdigkeit verlieren.

Doch tatsächlich ist Sexismus in rechtlichen Verfahren genauso normal wie sonst auch in unserer Gesellschaft. Mit dem Ergebnis, dass Gerichte weder das Thema Vergewaltigung noch Belästigung hinreichend abdecken, weil Betroffenen, die den sexistischen Ansprüchen nicht entsprechen, ihre Glaubwürdigkeit aberkannt wird. Prof. Barbara Hudson, die bis zu ihrem frühzeitigen Tod 2013 an der School of Law der University of Lancashire als Expertin für Kriminologie, Recht und Soziologie tätig war, hat es so ausgedrückt: »So nah wie möglich an der Jungfrau oder der anständig verheirateten Frau muss sie [die Betroffene] sein, entweder nicht sexuell aktiv oder nur sexuell aktiv mit einem (vorzugsweise ehelichen) Partner. Sie muss unauffällig gekleidet sein, nüchtern, in ihrem eigenen Zuhause oder auf einer gut beleuchteten Straße verkehren, vorzugsweise bei Tageslicht. Sie muss sexuelle Beziehungen laut und deutlich ablehnen, und es hilft, körperlich verletzt worden zu sein, wenn sie Widerstand leistet.«[5]

#metooscience

Auf meine Anhörung folgten Monate der Stille. Meine Kolleginnen und ich dachten, das war's jetzt, und fast hätten wir uns damit abgefunden. Aber das Gefühl, dass jetzt alles einfach unter den Teppich gekehrt werden würde, beunruhigte uns. Dass sich nichts ändern würde und jetzt einfach die nächsten Studierenden, Hilfsassistent:innen und Doktorand:innen leiden würden. Nur durften wir nicht über unsere Erlebnisse sprechen, das wurde uns seitens der Uni immer wieder geraten. Drohende Verleumdungsklagen waren das Gespenst dieser Zeit, das durch unsere Leben geisterte. »Wie vielen da draußen geht es wohl ähnlich?«, fragten wir uns. So riefen wir im Januar 2022 *#metooscience* ins Leben. Unter diesem Hashtag geht es um MeToo-Fälle und Dynamiken in der Wissenschaft, aber auch um wissenschaftliche Erkenntnisse über MeToo. Vor allem aber können Betroffene dort anonym ihre Geschichten veröffentlichen – ganz ohne Unterlassungsklagen riskieren zu müssen. Sie bekommen eine Plattform und ein Sprachrohr, sie werden gehört. Die Arbeit mit Betroffenen hat uns gezeigt, wie vielen Menschen es ähnlich geht und dass eine Geschichte die Blaupause der nächsten ist. Dass es sich beim Phänomen der Belästigung um eine riesige Lücke in der öffentlichen Wahrnehmung handelt, die ebenso tabuisiert wie sexistisch und von Mythen behaftet ist. Uns erreichten schon bald wöchentlich Geschichten von Betroffenen aus dem Wissenschaftsbereich. Sie alle wussten nicht, wohin sie sich sonst wenden sollten. Und das war lediglich die Welt der Universitäten. Wie sah es wohl in anderen Branchen aus? Wir kamen und kommen bis heute kaum hinterher mit unserer Arbeit für *#metooscience*.

Während dieses Projekt unerwartet Fahrt aufnahm und wir selbst schockiert darüber waren, wie viele Geschichten allein aus dem Wissenschaftsbetrieb da draußen schlummerten, schrieb meine Kollegin Victoria ihre Doktorarbeit mit neuer Betreuerin. Ich ging mit großer Leidenschaft meiner Forschung zu sexualisierter Belästigung am Arbeitsplatz nach. Es stellte sich als heilsam heraus, endlich zu verstehen, was ich da durchlaufen hatte. Wir hatten das Gefühl, mit *#metooscience* ein Ventil für alles gefunden zu haben, was wir erlebt hatten, es war okay. Wir konnten sprechen, wenn auch nur unter ganz bestimmten Bedingungen. Über das, was vonseiten der Hochschulen gerne unter den Tisch gekehrt wird: die Betroffenenperspektive und die psychischen und beruflichen Folgen von sexualisierter Belästigung am Arbeitsplatz. Aber eines Tages erfuhr Victoria von einem Schreiben. Unser ehemaliger Chef hatte über einen Anwalt Einspruch gegen ihre Doktorarbeit eingereicht. Seitenlang. Im Kern warf er ihr wahllos alle Arten wissenschaftlichen Fehlverhaltens und unter anderem Falschaussage in dem Verfahren gegen ihn vor – er zeichnete das Bild einer Betrügerin und Lügnerin, die nicht würdig sei, die Doktorehre zu empfangen. Das passte zu der Verteidigungsstrategie, die sein Anwalt schon im Verfahren gegen uns verfolgt hatte. Auch dort hatte er versucht, zu suggerieren, dass sie emotional zu instabil, zu hysterisch sei, um glaubwürdig zu sein und eine Doktorarbeit schreiben zu können.

Man sollte meinen, dass die Uni, die schließlich das Verfahren gegen ihn, in dem Victoria Zeugin gewesen war, geführt hatte, einen solchen Einspruch belächelt und abgeschmettert hätte. Besonders angesichts der lächerlichen Argumentation – sie war offensichtlich in der Lage, eine Doktorarbeit zu schreiben, sie hatte es ja immerhin gerade getan. Doch wieder gab es keine Instanz, die meine Kollegin geschützt hätte. Im Gegenteil, in der Woche, in der sie eigentlich ihre Doktorarbeit hätte verteidigen sollen, musste sie seitenlang Stellung beziehen und auf jeden einzelnen seiner Vorwürfe eingehen. Eine erneute Gelegenheit, den ekelerregenden Mailverkehr mit ihrem Ex-Chef zu durchforsten, um zu beweisen, auf wessen Ideen welche Experimente beruhten und wie er sie für ihre grandiosen Ideen damals noch in den Himmel gelobt hatte. Sich erneut damit beschäftigen zu müssen erschien ihr wie eine intendierte Schikane eines rachsüchtigen Angeklagten.

Victoria schmetterte mit einer seitenlangen Stellungnahme und erneuter Auflistung aller Beweise dafür, wer sich hier Fehlverhalten geleistet hatte, seine Einwände ab. Bis heute hat sie, so wie alle von uns, keine offizielle Reaktion auf all das erreicht, es gab keinen Dank für die Hinweise, nie ein Eingeständnis seitens der Uni, die nicht in der Lage gewesen war, uns vor all dem zu schützen. Der Rektor sagte in einem offiziellen Statement der Uni im Frühjahr 2023: »Wir haben kein MeToo-Problem» – ein Schlag in unsere Gesichter. Währenddessen erreichten uns bei *#metooscience* weitere Geschichten – auch von anderen Betroffenen an unserer ehemaligen Arbeitsstätte. Victoria entschied sich nach ihrer Doktorarbeit mit blutendem Herz gegen eine Karriere im Wissenschaftssystem, für sie war das einfach kein Ort mehr.

Einige Monate später erhielt ich ein Unterlassungsschreiben. Das stellte mich vor die Wahl: Entweder ich würde unterschreiben, eine bestimmte Äußerung nicht zu wiederholen, oder aber mein ehemaliger Chef würde rechtlich weitere Schritte gegen mich einreichen. Außerdem sollte ich mehr als tausend Euro Strafe zahlen. Ich beauftragte eine Anwältin, die mir sagte, dass ich ein Verfahren dank belastender Screenshots höchstwahrscheinlich gewinnen würde. So ließ ich es tatsächlich darauf ankommen – ein Privileg. Denn solche Verfahren können sehr teuer werden, und niemand kann den Ausgang mit absoluter Sicherheit vorhersagen. Vielen Betroffenen fehlen spätestens an dieser Stelle die Nerven, finanziellen Mittel und Beweise, sodass sie den nachvollziehbaren Weg des Schweigens wählen. Anders als meine plötzlich wieder präsenten Symptome einer posttraumatischen Belastungsstörung holte mich kein zweites Verfahren ein. Aber auch in mir blieb das Gefühl zurück, ihm den Rest meines Lebens ausgeliefert zu sein, wenn ich nicht endlich begann, offen zu sprechen.

Sichtbarkeit ist Sicherheit, dachten meine Kollegin Victoria und ich und erklärten uns einige Wochen später dazu bereit, mit zwei *Spiegel*-Reporter:innen, Juliane Löffler und Lukas Eberle, über unsere Erfahrungen zu sprechen. Sie hatten Hinweise auf den Fall bekommen und recherchierten ausgiebig. Dass ich dabei namentlich aufgetreten bin und es auch in diesem Buch tue, ist reine Überzeugungssache. Ich mache keinen Hehl daraus, dass ich für eine Welt kämpfe, in der alle Menschen gleichwertig behandelt werden und in der unsere Erfahrungen und Geschichten gleich wichtig und hörenswert sind. Das bedeutet im Umkehrschluss, dass wir damit aufhören müssen, solche Erfahrungen totzuschweigen. Dass wir darüber sprechen müssen, selbst wenn das unangenehm ist und wir damit nerven. Inzwischen weiß ich, dass es unglaublich viele Menschen gibt, denen es ähnlich geht wie mir. Dass das psychologische Muster, auf belästigende und übergriffige Verhaltensweisen zu reagieren, das ich bei mir, meinen Kolleginnen und den Betroffenen, die sich bei *#metooscience* melden, beobachte, absolut normal ist. Dank meiner Gespräche mit Betroffenen und der Forschung über sexualisierte Belästigung und Machtmissbrauch weiß ich, wie sexistisch und faktisch falsch die öffentliche Wahrnehmung von Belästigung ist. Ich durfte lernen, dass mich meine Erfahrungen nur dann unprofessionell machen, wenn ich das zulasse und den von außen auferlegten Schuld- und Scham-Stempel unhinterfragt annehme.

Dahin zu kommen hat mich aber unglaublich viel emotionale Arbeit, Geld und Psychotherapie gekostet. Das macht mich wütend, denn Menschen, die keiner diskriminierten Gruppe angehören, müssen diese Ressourcen schlichtweg nicht aufbringen. Ich hoffe, dass die Erkenntnisse aus diesem Buch einigen Betroffenen helfen, Partei für sich selbst und ihre Erfahrungen zu ergreifen. Stolz zu sein auf das, was sie sind. Denn obwohl ich es inzwischen klar ablehne, mir Schuld- und Schamgefühle für meine Erfahrungen einreden zu lassen, weiß ich, was das für eine Arbeit ist. Vor allem, wenn das – in der Regel unaufgeklärte – Umfeld einem ständig suggeriert, dass man am Ende doch irgendwie selbst schuld sei.

Was ich mir habe zuschulden kommen lassen: dass ich als Frau an einem Ort arbeiten wollte, der traditionell nicht für mich vorgesehen war. An dem von mir verlangt wurde, dass ich unangenehme Erfahrungen runterschlucke, stillschweige und meine Gefühle ignoriere, um den Mächtigen im System nicht auf den Schlips zu treten, um unter ihnen bestehen zu können und nicht »unprofessionell« zu wirken. In der Hoffnung auf die Unterstützung für meine Karriere, die mir gerechterweise aufgrund meiner wissenschaftlichen Leistung ohnehin zugestanden hätte.

Was ist eigentlich Belästigung?

Geschlechterbezogene Diskriminierung ist unsere Normalität. So normal, dass es lange nicht mal Begriffe dafür gab und dass es, obwohl das Thema Geschlecht jeden Menschen betrifft, immer noch wenig Raum in öffentlichen Debatten dafür gibt. Außer es geht um den Gender-Pay-Gap oder das Gendern. Die meisten anderen Themen der geschlechterbezogenen Diskriminierung werden totgeschwiegen und dadurch weiter normalisiert. Also sprechen wir nun über ein unfassbar unbeliebtes Thema: sexualisierte Gewalt. Genauer gesagt: sexualisierte Belästigung. Auch sexualisierte Belästigung war und ist so normalisiert, dass es lange keine einheitliche Definition dafür gab. Wie Vergewaltigung ist sexualisierte Belästigung sowohl ein rechtliches Konzept als auch eine Erfahrung, und es ist wichtig zu verstehen, dass das nicht dasselbe ist. Wenn wir sexualisierte Belästigung als Erfahrung definieren, umfasst das viel mehr Verhaltensweisen, die strafrechtlich nicht relevant sind. Das macht sie aber nicht weniger valide. Wieso sollten wir jede unserer Erfahrungen beweisen können, damit sie valide ist?

Die sozialpsychologische Forschung hat eine Definition gefunden, die all jene unerwünschten geschlechterbezogenen Handlungen miteinschließt, die nachweislich negative psychische und arbeitsbezogene Konsequenzen für Betroffene haben. Dabei versteht die psychologische Forschung Gewalt als Spektrum, das Mikro- und Makroaggressionen miteinschließt. Im Fall von sexualisierter Gewalt also alles, vom objektifizierenden »Witz« bis hin zur Knebel-Vergewaltigung. Das Pyramiden-Diagramm auf dieser Seite zeigt das ganze Spektrum an geschlechterbezogener Gewalt, also alles von Einstellungen und Überzeugungen über Mikroaggressionen bis hin zum Femizid; der Tötung von Frauen, um sie an ihre unterlegene Rolle als Frau zu erinnern. Mikroaggressionen können sich, wenn sie nicht hinterfragt oder kontrolliert werden, leicht zu verbalen und physischen Verhaltensweisen entwickeln, die darauf abzielen, zu erniedrigen, zu bedrohen und zu schaden.

Pyramide der sexualisierten Gewalt

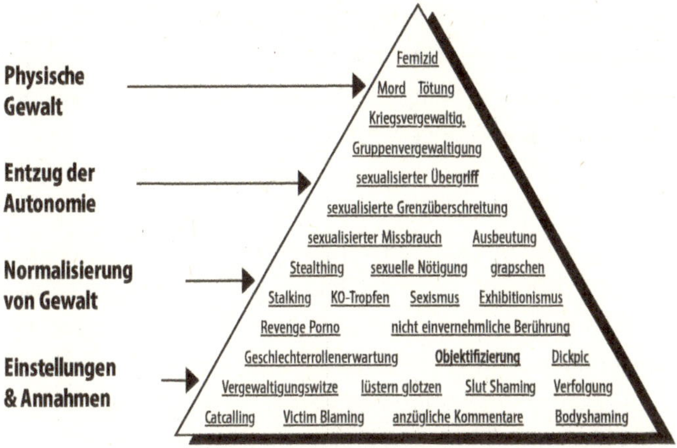

Es geht dabei nicht darum, Menschen für einen herabwürdigenden sexualisierenden Witz vor Gericht zu zerren. Gewalt als Spektrum zu definieren ergibt deshalb Sinn, weil die psychologischen Konsequenzen bei Betroffenen eben auch bei vermeintlich kleineren Situationen fatal sein können, gerade wenn sie wieder und wieder auftreten, wenn sie also strukturell sind. Zum Beispiel wenn man sich, wie am Arbeitsplatz häufig, in Abhängigkeitsverhältnissen befindet und es eben nicht so leicht ist, der Situation zu entfliehen. Die Forscherin Jennifer Berdahl definiert:

»Als sexualisierte Belästigung werden Verhaltensweisen bezeichnet, die eine Person aufgrund ihres Geschlechts erniedrigen, herabwürdigen oder demütigen.«[6]

Die Forschung unterscheidet drei Formen der Belästigung: sexuelle Nötigung, ungewollte sexuelle Aufmerksamkeit und geschlechterbezogene Belästigung. Sexuelle Nötigung und zum Teil auch ungewollte sexuelle Aufmerksamkeit werden eher als Belästigung erkannt als geschlechterbezogene Belästigung. Diese läuft bei den meisten Menschen unterhalb des Bewusstseinsradars ab. Das liegt daran, dass geschlechterbezogene Belästigung nicht darauf abzielt, sexuelle Kooperation zu erlangen, sondern vielmehr beleidigende, herabwürdigende oder verachtende Einstellungen gegenüber Frauen ausdrückt. Das widerspricht dem stereotypen Bild einer Belästigung, demzufolge es immer um explizite sexuelle Handlungen geht. Das Wesen der geschlechterbezogenen Belästigung ist vielmehr Verachtung und Feindseligkeit gegenüber Frauen und allen, die sich nicht im binären Geschlechtersystem wiederfinden oder auf andere Art mit Geschlechterstereotypen brechen. Solche »Witze« und Beleidigungen führen dazu, dass die attackierten Gruppen das Gefühl haben, dort, wo sie dem Ganzen ausgesetzt sind, keinen Platz zu haben.

Alle drei Arten der Belästigung haben ernste Auswirkun-

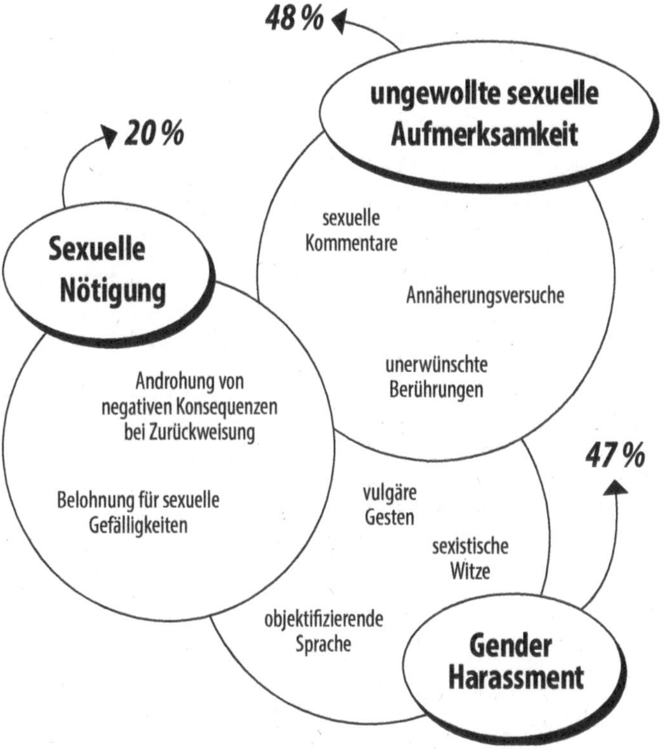

gen auf die mentale Gesundheit und die berufliche Zukunft der Betroffenen.[7] Geschlechterbezogene Belästigung wird oft als vermeintlich »leichtere Form« angesehen; sie ist am stärksten normalisiert und am weitesten verbreitet. Dadurch, dass sie aber in der Regel wieder und wieder passiert, kann sie ähnlich ernsthafte Folgen haben wie »schwerere« Formen der Belästigung wie die sexuelle Nötigung, die meistens eher als einmaliges, einschneidendes Ereignis auftritt.

Befragt man arbeitnehmende Frauen und non-binäre Personen, so geben 60 Prozent der Befragten an, mindestens eine belästigende Verhaltensweise während der letzten acht bis zwölf Monate erlebt zu haben.[2,6] Ja, alles ganz normal. Die Zahlen variieren aber natürlich, je nach Branche. In einer meiner Studien habe ich mehr als 2000 Frauen und nonbinäre Personen aus den verschiedensten Branchen nach ihren spezifischen Belästigungserfahrungen in den letzten acht Monaten befragt. Mit dem Ergebnis: 20 Prozent haben in den letzten **acht Monaten** sexuelle Nötigung erfahren, 48 Prozent waren ungewollter sexueller Aufmerksamkeit ausgesetzt, und 47 Prozent erlebten geschlechterbezogene Belästigung. Alles normal.

Im Folgenden ein Fragebogen, den ich für meine Forschung verwende. Damit könnt ihr selbst einmal schauen, ob ihr Belästigung am Arbeitsplatz erlebt.[8]

An wen kann man sich wenden, wenn tatsächlich etwas passiert ist? Diese Frage sollte leicht zu beantworten sein, ist aber überraschend kompliziert. Anlaufstellen ordentlich zu schulen, sie sichtbar zu machen und ihr Vorgehen transparent zu gestalten, ist zwar der erste Schritt, mit dem Arbeitgeber zeigen könnten, dass sie das Thema ernst nehmen, die Realität sieht aber leider meistens ganz anders aus. Eigentlich sind die ersten Anlaufstellen für Betroffene Gleichstellungsbüros oder Personalabteilungen, je nachdem, wo sie arbeiten. Problem dabei ist, dass es sich sowohl bei Gleichstellungsbüros als auch bei Personalabteilungen um Anlaufstellen handelt, die Teil der Organisationsstruktur selbst sind. Sie sind also per se nicht unabhängig, und wenn es zu Verfahren kommt, dazu verpflichtet, »neutral« zu sein. Sie können daher nicht so parteiisch sein, wie es die Zuständigen sicher selbst manchmal gerne wären und wie es Betroffene verdient hätten. Deshalb ist es so wichtig, dass Organisationen abseits vom strafrechtlichen Rahmen Maßnahmen gegen Belästigung schaffen, wie zum Beispiel

Fragebogen

Wie oft hattest du in den letzten 12 Monaten die folgenden Erlebnisse an deinem Arbeitsplatz? Kreuze an!

1 Hat dir jemand wiederholt sexuelle Geschichten oder Witze erzählt, die für dich anstößig waren?

○ nie ○ selten ○ manchmal ○ oft ○ sehr oft

2 Hat dir jemand mit einer Art Rache für mangelnde sexuelle Koorperation gedroht?

○ nie ○ selten ○ manchmal ○ oft ○ sehr oft

3 Hat jemand sexistisches oder suggestives Material ausgestellt, verwendet oder verteilt (z. B.: Bilder, Geschichten, oder pornografisches Material, das du als beleidigend empfunden hast)?

○ nie ○ selten ○ manchmal ○ oft ○ sehr oft

4 Hat dich jemand aufgrund deines Geschlechts abgewertet oder herablassend behandelt?

○ nie ○ selten ○ manchmal ○ oft ○ sehr oft

5 Hat dir jemand das Gefühl gegeben, dich durch Bestechung, Belohnung oder besondere Behandlung zu einer sexuellen Handlung zu bringen?

○ nie ○ selten ○ manchmal ○ oft ○ sehr oft

6 Hat dich jemand immer wieder zu privaten Verabredungen, Drinks, Essen oder Ähnlichem eingeladen, obwohl du Nein gesagt hast?

○ nie ○ selten ○ manchmal ○ oft ○ sehr oft

7 Hat jemand beleidigende Bemerkungen über dein Aussehen, deinen Körper oder deine sexuellen Aktivitäten gemacht?

○ nie ○ selten ○ manchmal ○ oft ○ sehr oft

8 Hat jemand versucht, dich in eine ungewollte Diskussion über sexuelle Themen zu verwickeln (z. B. über Ihr Sexualleben)?

○ nie ○ selten ○ manchmal ○ oft ○ sehr oft

9 Hat jemand beleidigende sexistische Bemerkungen gemacht (z. B. die Behauptung, dass Personen deines Geschlechts für die Art von Arbeit, die du machst, nicht geeignet sind)?

○ nie ○ selten ○ manchmal ○ oft ○ sehr oft

10 Hat dich jemand auf eine unangenehme Art und Weise angeschaut, angeglotzt oder angestarrt?

○ nie ○ selten ○ manchmal ○ oft ○ sehr oft

11 Hat jemand unerwünscht, versucht eine romantische sexuelle Beziehung mit dir zu beginnen, obwohl du versucht hast, dies zu verhindern?

○ nie ○ selten ○ manchmal ○ oft ○ sehr oft

12 Hat jemand dir gegenüber Gesten oder Körpersprache sexualisierter Natur gezeigt, die dich in Verlegenheit gebracht oder beleidigt haben?

○ nie ○ selten ○ manchmal ○ oft ○ sehr oft

hinreichend Ressourcen in Aufklärung und Prävention zu stecken. Außerdem müssen unabhängige Beschwerdestellen geschaffen werden, die sich parteiisch für die Rechte von Betroffenen einsetzen dürfen. Eine solche Anlaufstelle gibt es tatsächlich: die Antidiskriminierungsstelle des Bundes. Leider ist die vollkommen überlastet. Es braucht also mehr unabhängige Anlaufstellen und die Antidiskriminierungsstelle ein höheres Budget. Zu merken, dass etwas passiert ist, womit man sich unwohl fühlt und was inakzeptabel ist, heißt nicht, dass man sich sofort beschweren muss. Diese Entscheidung hängt von vielen Faktoren ab. Sich hingegen selbst vor Augen zu führen, welches Verhalten man als tolerierbar einordnen möchte und welches nicht, ist immer eine gute Idee. Denn nur wer sich dieser inneren Arbeit stellt, kann sich auch von schädlichem Verhalten abgrenzen. Und das ist wichtig für unsere Psyche – ganz egal, zu welcher Konsequenz diese Abgrenzung am Ende führt.

Überlebensmodus

Unser Überleben hängt von der Fähigkeit ab, erfolgreich auf Bedrohungen aus unserem Umfeld reagieren zu können. Dafür haben wir ein ganzes Nervensystem. Das ist darauf ausgerichtet, uns in bedrohlichen Situationen zu schützen. Und obwohl es heutzutage bei Bedrohungen nicht immer direkt um Leben und Tod geht, laufen oft die gleichen alten Prozesse in unserem Gehirn und Körper ab, als würden wir vor einem Säbelzahntiger stehen, auch bei sexualisierter Belästigung. Die Abbildung zeigt grob die Gehirnbereiche, die in bedrohlichen Situationen eine Rolle spielen.

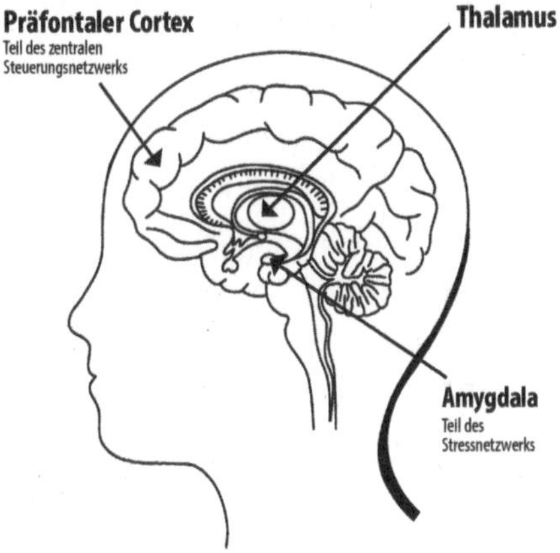

Zunächst der präfrontale Cortex, das ist unsere Steuerungszentrale. Der präfrontale Cortex ist dafür zuständig, Gedächtnisinhalte zu integrieren und emotionale Ereignisse zu bewerten. So können Handlungen abgewogen und geplant werden. Dann die Amygdala, das ist unser Alarmzentrum. Sie ist wichtig, damit wir schnell auf Stress reagieren können. Sie wird in bedrohlichen Situationen unmittelbar, das heißt ohne Hinzunahme von anderen Hirnarealen, aktiviert. Amygdala und präfrontaler Cortex sind eng miteinander vernetzt. Fährt die Amygdala hoch, fährt der präfrontale Cortex runter und andersherum. Eine Aktivierung der Amygdala (Angstzentrale) führt also dazu, dass der präfrontale Cortex (bewusste Steuerungszentrale) ausgeschaltet wird. Sind wir in bedrohlichen Situationen, werden wir von unserer Angstzentrale geleitet, zunächst ganz ohne ein bewusstes Abwägen und Planen unserer Handlungen.

Die Amygdala ist ein Gehirnareal, das sich ständig selbst trainiert und anpasst, je nachdem, wie häufig wir gefährdende Reize verarbeiten und wie bedrohlich diese sind. Mönche zum Beispiel haben so viel Zeit im reizfreien Raum – in der Meditation – verbracht, dass sie deutlich weniger auf negative Reize reagieren. Durch das ständige Trainieren des Zwischenschritts zwischen Reiz und Reaktion – es kommen negative Gedanken, man lässt sie ziehen und stuft das Ganze als nicht bedrohlich ein – nimmt die Aktivierung im präfrontalen Cortex zu, und die Amygdala wird besser reguliert, selbst wenn es mal unangenehm wird. Andersherum bedeutet das aber auch: Haben wir bereits Erfahrung mit Bedrohung gemacht, die unseren Körper an das erinnert, was jetzt gerade passiert, reagiert die Amygdala schneller und stärker auf bedrohliche Situationen. Das macht sie, selbst wenn die Situation weniger lebensbedrohlich ist. Die Amygdala wird etwa getriggert, wenn wir am Arbeitsplatz belästigt werden und schon mal Erfahrung mit anderen Formen der (sexualisierten) Gewalt gemacht haben. So können auch vermeintlich schwächere Formen der sexualisierten Gewalt körperlich die gleichen Prozesse hervorrufen wie stärkere Formen. So, als stünden wir wieder und wieder vor einem Säbelzahntiger.

Für die allermeisten, die am Arbeitsplatz sexualisiert belästigt werden, ist dieser Übergriff nicht das erste Mal, dass sie erleben, wie ihre Grenzen auf diese Art überschritten werden. Zahlen der WHO belegen, dass weltweit jede dritte Frau vergewaltigt wird oder häusliche Gewalt erlebt. Aber diese Erhebungen schließen nur die harten Formen von sexualisierter Gewalt ein. Was ist mit Catcalling? Unerwünschten Dickpics? Oder dem Onkel, dessen Hand bei Familienfeiern irgendwie immer an komischen Stellen landet? Nach einigen Jahren der Forschung zum Thema sexualisierte Gewalt kann ich sagen: Jede Frau dieser Welt hat spätestens ab ihrer Pubertät sexualisierte Gewalt erlebt oder wird sie erleben. In irgendeiner Form. Von Menschen, die nicht in das binäre Geschlechtersystem passen, ganz zu schweigen. Unsere Amygdalae sind also, was sexualisierte Gewalt betrifft, alles andere als auf einen Mönchszustand trainiert. Anfang 2024 gab es einen TikTok-Trend, in dem Frauen gefragt wurden, ob sie in einem einsamen Wald lieber auf einen Mann oder auf einen Bären stoßen würden. Die erschreckende Mehrheit der Frauen sagte, dass sie sich mit einem Bären sicherer fühlen würde als mit einem Mann. Das Bespiel zeigt, dass die Amygdalae der meisten Frauen bereits auf die Bedrohung durch Männer trainiert sind, während die Bedrohung durch einen Bären neu – und damit weniger bedrohlich – erscheint. Aber wozu führt dieser Amygdala-präfrontaler-Cortex-Tanz?

Wenn die Amygdala in Stresssituationen aktiviert wird und der präfrontale Cortex runterfährt, sind wir im »Überlebensmodus« und auf ganz grundlegende Strategien unseres Körpers zurückgeworfen, ohne dass wir dabei rational abwiegen würden. Die zwei geläufigsten und am besten erforschten Überlebensstrategien sind »Fight«, also Kampf, und »Flight«, Flucht. Mit der Überlebensstrategie »Kampf« bekämpfen wir unseren Stressor, indem wir wütend werden, »Nein« schreien und uns im Zweifel aggressiv verhalten. Es handelt sich also um die Strategie, auf die die gute alte Frage »Warum hast du denn nicht Nein gesagt?« abzielt. Wird die Überlebensstrategie »Flucht« ausgelöst, verlassen wir die Situation, um unser Überleben zu sichern. Aussagen wie »Wenn es so schlimm gewesen wäre, hätte sie doch kündigen können« meinen diese Strategie.

Die Forscherin Shelley Taylor hat mit ihren Kolleginnen über 200 Studien mit mehr als 14 500 Versuchspersonen ausgewertet, in denen es um ihre hormonellen, vom Nervensystem ausgelösten Stressreaktionen ging. Dabei haben sie und ihr Team festgestellt, dass nur 34 Prozent der Testpersonen in all diesen Studien weiblich waren.[11] Die Begründung dafür ist oft, dass weibliche Personen aufgrund ihres Menstruationszyklus eine stärkere Variation in den hormonellen Reaktionen aufweisen. Das wird gerne als »zu verwirrend« und »schwer interpretierbar« eingestuft. Ein Großteil unseres Wissens über Stressreaktionen beruht also auf Abläufen in männlichen Körpern. Das ist deshalb problematisch, weil wir dieses Wissen nicht ohne Weiteres auf nichtmännliche Hormonsysteme übertragen können. In der Tat zeigt neuere Forschung, dass bei Frauen »Kampf oder Flucht« nicht die ausschließlichen, im Gegenteil nicht einmal die vorrangigen Reaktionen auf Bedrohung sind.

Eine »Kampf«-Reaktion ist sogar recht selten bei Frauen. Biopsycholog:innen erklären das damit, dass Kämpfen oder Fliehen keine erfolgreichen Strategien sind, wenn Frau im Zweifelsfalle körperlich unterlegen ist und das Überleben ihres Nachwuchses sichern möchte. Ich als Sozialpsychologin werfe ein, dass Frauen in unserer Gesellschaft – unabhängig davon, ob sie einen Kinderwunsch haben oder nicht – für dominantes Verhalten abgestraft werden. Indem sie weniger gemocht werden zum Beispiel. Am Arbeitsplatz ist es aber unabdingbar, von den richtigen Personen gemocht zu werden, vor allem, wenn man Karriere machen möchte. Schon von klein auf erziehen wir Mädchen dazu, sich sozial angepasst, lieb und nett zu verhalten, um gemocht zu werden. Wohingegen wir Jungen die überlebenswichtige Emotion Wut viel eher verzeihen und sogar aggressives Verhalten eher tolerieren.

Statt Kämpfen oder Fliehen nutzen weiblich sozialisierte Menschen also eher andere Strategien. Eine davon ist das »Freeze«, das Einfrieren. Vor ein paar Monaten erreichte mich die folgende Geschichte über *#metooscience*:

Während meines letzten Studienjahres hatte ich eine Prüfung in einem Kurs, der von einem international anerkannten Professor unterrichtet wurde. Ich bewunderte seine Arbeit. Als er die Prüfungspapiere verteilte, lehnte er sich zu mir rüber und flüsterte mir ins Ohr: »Du bist ein ungezogenes kleines Mädchen.« Ich war schockiert, es fühlte sich an, als hätte ich einen Schlaganfall oder so, ich war völlig erstarrt. Ich konnte keine der Fragen mehr beantworten und eine ganze Weile lang nicht mal den Raum verlassen. Irgendwann reichte ich mein leeres Blatt ein und verließ den Saal. Aufgrund dieser einen Prüfung sank mein Notendurchschnitt drastisch, aber ich habe mich nie beschwert, da es mir irgendwie sinnlos erschien. Ich wusste, dass er ohnehin nicht bestraft würde, vor allem aber wollte ich ihm nie wieder begegnen müssen. Im Rückblick wünschte ich, ich hätte den Mut gehabt, mich zu äußern, denn ich weiß, dass es andere Frauen dazu ermutigt hätte, dasselbe zu tun.

Wie die Geschichte dieser Studentin veranschaulicht, bedeutet Freeze, dass der Körper in eine Art Schockstarre verfällt. Das passiert vor allem bei stärkeren Stressreaktionen, wenn gefühlt gar nichts mehr geht. Die biologische Funktion des Freeze ist es, der Umwelt zu signalisieren, dass man aufgibt, in der Hoffnung, so in Ruhe gelassen zu werden. Das kann man gut bei Tieren beobachten. Werden Impalas zum Beispiel von Löwen angegriffen – einem Tier, gegen das sie keine Chance haben –, verfallen sie in diese Schockstarre und unterwerfen sich auf diese Art. Sie stellen sich tot und sammeln neue Kräfte, um manchmal im genau richtigen Moment eben doch noch fliehen zu können. Auch bei Menschen tritt die Tendenz zu erstarren auf, wenn es einen Zwischenschritt zwischen gefährlichem Reiz (einer Belästigung) und angemessener Handlung braucht. Freeze hat dabei die neurokognitive Funktion, uns die nötige Zeit zu verschaffen, um die verschiedenen Schritte zwischen Wahrnehmung und angemessenem Handeln zu verarbeiten.[12] Ein Shutdown des Systems, sozusagen. Um dann auf Angriff zu gehen, wenn es Sinn ergibt. All das passiert aber völlig unbewusst und automatisch.

Eine weitere Überlebensstrategie, die vor allem bei weiblich sozialisierten Menschen auftritt, wird in der Forschung »Fawn« oder auch Bambi-Reflex genannt. Wie auch bei den anderen Strategien spielt hierbei eine Kombination aus biologischen, psychologischen und sozialen Faktoren eine Rolle, so zum Beispiel das Bindungshormon Oxytocin und das Vorhandensein von Geschlechterrollen. Fawn ist vergleichbar mit »People Pleasing«. Man nimmt dabei eine pflegende und schützende Rolle ein, setzt sich also mit den Bedürfnissen von anderen Menschen auseinander, stellt Unterstützung und Fürsorge bereit. Die Funktion von Fawn ist es, soziale Verbindungen zu schaffen, man vernetzt sich mit anderen. Das kann in bedrohlichen Situationen Trost bieten und dazu beitragen, dass durch die Unterstützung anderer Menschen Stress reduziert wird, vor allem, wenn Fight oder Flight keine Optionen sind. Am Arbeitsplatz können wir zum Beispiel nicht immer kämpfen. Wenn wir Menschen vor den Kopf stoßen, von denen unsere Karriere abhängt, kann es sogar schädlicher sein, uns auf konfrontative Weise mit ihnen anzulegen. Auch fliehen ist nicht immer eine Option. Wenn wir finanziell auf den Job angewiesen sind etwa.

Wieso aber ist es eine Überlebensstrategie, sich um andere zu kümmern und ein Netzwerk aufzubauen? Diese Art von Verhaltensweise kann zu einem schützenden Umfeld führen. Gesellschaftliche Erwartungen und Geschlechterrollen verlangen von Frauen Fürsorge, Pflege und die Aufrechterhaltung von sozialer Verbindung. Solche Rollenerwartungen können die Fawn-Reaktion verstärken und prägen. Außerdem kann es Sinn ergeben, direkte Konfrontation zu vermeiden, vor allem, wenn Frau körperlich unterlegen ist; so wird schlichtweg das Verletzungsrisiko, das von dem Belästiger ausgeht, verringert. Wie in meinem Fall zum Beispiel.

Auf meine Beschwerde an der Uni folgten Monate der Stille seitens der Zuständigen. In dieser Zeit wurde ich aber nicht von meinen Tätigkeiten am Lehrstuhl befreit. So bin ich wie gewohnt ins Büro gegangen – Tür an Tür mit dem Mann, über den ich mich beschwert hatte. Zu der Zeit gab ich meinem Chef kaum noch Kontra. Ich wollte nicht, dass er von der Beschwerde erfuhr, bevor alles offiziell wurde. Ich wollte nicht, dass er im Voraus Schritte gegen mich einleiten konnte. Habe ich in der Zeit auf jede seiner Verhaltensweisen authentisch und ehrlich reagiert? Nein. Ich habe »auf nett« gemacht, »lieb« gespielt. Denn in Anbetracht der Gesamtsituation war es schlichtweg sicherer. Ich weiß noch, wie er mich zu der Zeit häufig in sein Büro bat, zum Beispiel, um mir mit kaltem Blick zu erklären, dass sowohl üble Nachrede als auch Verleumdung strafbar seien. Ich lächelte und sagte, dass ich nicht verstehe, warum er mir das erzähle. Obwohl ich es natürlich sehr wohl verstand.

Alles in allem ist es also sowohl biologisch als auch sozialpsychologisch leicht erklärbar und nachvollziehbar, dass *sie* in der bedrohlichen Situation eben nicht Nein gesagt hat oder ihr Nein »zu nett« war, denn für Betroffene von sexualisierter Belästigung scheint es oft die effektivste Überlebensstrategie zu sein, sich in den Situationen selbst nicht auf aggressive Art zu wehren. Deshalb ist es eine gesellschaftliche Schande, wie stark es Betroffenen zum Verhängnis gemacht wird, wenn sie nicht aggressiv genug Nein sagen, sie nicht fliehen können, weil sie einfrieren, sich erst mit der Hilfe und Unterstützung anderer trauen, über das Erlebte zu sprechen, oder sich erst zur Wehr setzen, wenn die erste Angstreaktion abgeklungen ist.

Alle Geschlechter können mit allen vier Überlebensstrategien auf Bedrohung reagieren. Der Einfluss von Geschlechterrollen und hormonelle Unterschiede machen aber gewisse Strategien für gewisse Geschlechter adaptiver oder schlichtweg greifbarer. Testosteron zum Beispiel ist ein Hormon, das in männlichen Körpern stärkeren Einfluss ausübt als in weiblichen. Allgemein deutet vieles darauf hin, dass Testosteron im Zusammenhang mit aggressivem Verhalten steht. Sind Männer also dazu gezwungen, sich aggressiv zu verhalten? Definitiv nicht! Das Ganze ist viel weniger in Stein gemeißelt, als Menschen postulieren, die aggressives Verhalten mit dem Vorhandensein von Testosteron erklären.[13] Das liegt daran, dass Hormone nicht nur menschliches Verhalten steuern, sondern menschliches Verhalten sich auch andersherum auf unseren Hormonhaushalt und unsere neuronalen Abläufe auswirkt – man nennt das Neuroplastizität. Unser Gehirn ist wahnsinnig flexibel! Dass unser Gehirn so flexibel ist, bedeutet im Umkehrschluss, dass Aggression, die primär von Männern ausgeübt wird, nicht naturgegeben ist. Darüber, wie sich das ändern kann, schreibe ich im Kapitel »Wer wird zum Belästiger?«. Das muss alles nicht so sein. Es gibt zum Beispiel Studien, die zeigen, dass sich Sport langfristig auf unseren Testosteronhaushalt auswirken kann.[14]

Ich dachte sehr lange, dass ich keine Wut empfinden kann. Ich habe mich immer eher taub gefühlt, wenn etwas Bedrohliches passiert ist. Oft habe ich dann versucht, mein Gegenüber zu beschwichtigen, damit die Bedrohung vorübergeht. Dass es in meiner Sozialisierung nie Raum für meine Wut gab, musste ich mir erst mühsam in der Therapie erarbeiten. Nach meiner Erfahrung am Lehrstuhl begann ich, zum Boxen zu gehen und andere Sportarten zu betreiben, die mir halfen, in Kontakt mit meiner Wut zu treten. Ich habe gelernt, mir selbst den Raum zu geben, unbequem zu sein. Dass manche Situationen sicher sind, obwohl ich Menschen vor den Kopf stoße. Inzwischen weiß ich, dass ich in viel mehr bedrohlichen Situationen im Kampfmodus wäre als noch vor ein paar Jahren. Es macht mir keine Angst mehr, Nein zu sagen und mich mit Leuten anzulegen. Aber bis hierhin war es ein langer Prozess, und je nachdem, wie stark eine Bedrohung ist und in welcher Situation ich mich befinde, bleibt der Kampfmodus unerreichbar für mich.

Das Ziel ist es deshalb nicht, alle in den Kampfmodus zu bekommen. Fraglich, ob das überhaupt gut wäre. Das Ziel ist vielmehr, anzuerkennen, dass es verschiedene Wege gibt, auf Bedrohung zu reagieren. Wenn es zum Allgemeinwissen gehört, wie Betroffene auf Bedrohung reagieren, dann ist es okay, dass sie sich erst Monate oder sogar Jahre nach einer übergriffigen Erfahrung offenbaren, dass sie Zeit brauchen, um das Erlebte einzuordnen. Wir machen es ihnen dann nicht mehr zum Vorwurf, dass sie in der Situation einfrieren und sich nur vorsichtig wehren können. Oder dass sie dafür Unterstützung von ihrem Umfeld brauchen.

Da wir es Betroffenen heute jedoch gerne ankreiden, wenn sie mit Einfrieren oder People Pleasing auf sexualisierte Gewalt reagieren, bleiben die meisten Geschichten von Belästigung im Dunkeln, die Betroffenen sprechen nie über das Erlebte und ordnen es oft nicht mal als Belästigung ein. Das ist deshalb problematisch, weil trotzdem Konsequenzen auftreten – egal, ob die Betroffenen das Verhalten als Belästigung einordnen oder nicht. In einer meiner Studien habe ich mehr als 2000 arbeitnehmende Frauen und nicht binäre Personen nach ihren Belästigungserfahrungen am Arbeitsplatz gefragt. Dafür habe ich den Fragebogen aus dem letzten Kapitel verwendet. Separat habe ich direkt gefragt: »Hast du sexualisierte Belästigung erlebt?« Die Studie untersucht auch, inwiefern sich die Belästigung negativ auf die Betroffenen auswirkt. Die Ergebnisse zeigen, dass von allen Versuchspersonen, die mindestens eine der belästigenden Verhaltensweisen erlebt haben, nur zehn Prozent angeben, dass sie sexualisierte Belästigung erlebt haben. Das hat aber nicht unbedingt einen Einfluss darauf, ob sie unter der Belästigung leiden. Auch die Teilnehmenden, die nicht anerkennen, dass sie belästigt wurden, leiden unter den negativen Konsequenzen der Verhaltensweisen. Sie beschuldigen sich selbst, wenn etwas Negatives passiert, sie sind weniger motiviert zu arbeiten und wollen ihren Job eher wechseln – und das, obwohl sie nicht anerkennen, dass ihnen Belästigung widerfahren ist.

Folgen von Belästigung können vielseitig sein, ich habe nur einige davon gemessen.[15] Andere Studien zeigen, dass Menschen, die sexualisierte Belästigung am Arbeitsplatz erleben, häufiger unter Depressionen, Angststörungen, posttraumatischen Belastungsstörungen, Substanzmissbrauchsstörungen oder Essstörungen leiden.[16–18]

Lea (dey / demm) arbeitet im Alter von 18 Jahren im Rahmen eines Freiwilligendienstes in einer Einrichtung für Menschen mit Behinderung. Die Einrichtung befindet sich auf einem größeren Grundstück, auf dem auch die Arbeiter*innen selbst wohnen. Rückzug gibt es dort kaum, eine 60-Stunden-Woche ist in der Einrichtung normal. Schon bei Arbeitsbeginn wird Lea gewarnt. Vor zwei 37-jährigen Kollegen, die sich wohl immer wieder etwas gruselig und flirty verhalten und sich den weiblichen Kolleginnen gegenüber dauernd Sprüche erlauben. »Du hast schöne Augen«, »Komm, du kannst dich auch zu mir auf die Couch setzen«, »Setz dich doch mal zu mir ins Auto«. Männliche Kollegen werden von den beiden in Ruhe gelassen. Andere Mitarbeitende und auch das Management verharmlosen das Verhalten der beiden Männer und sagen, dass das alles nicht so gemeint sei, aber Lea fühlt sich unwohl. Einer der Männer kommt Lea immer näher. Er schlägt vor, dass dey bei ihm wohnen könne, platzt einfach in Leas

Zimmer rein und behauptet, dass er deren Fenster putzen will. Außerdem fängt er an, Lea beim Arbeiten aufzulauern, läuft Lea hinterher und stellt persönliche Fragen. Egal, wo Lea hingeht, er folgt, obwohl er keine Gegenreaktion von Lea bekommt. Einmal geht Lea ins Zimmer, um sich zurückzuziehen, woraufhin er Lea wieder folgt, ungebeten eintritt und fragt, ob es noch was zu tun gebe. Lea fühlt sich unwohl, das Zimmer soll eigentlich ein Rückzugsort sein, einen anderen gibt es nicht. Einige Tage später beobachtet eine Kollegin, dass dieser Kollege aus Leas Zimmer kommt. Er hat sich einfach ohne Leas Zustimmung Zugang verschafft. Lea ist wie eingefroren, hat das Gefühl, den Boden unter den Füßen zu verlieren, wird zittrig und fühlt sich nicht mehr sicher. In Panik sucht Lea das Zimmer akribisch ab, dey hat so große Angst, dass der Kollege irgendwo eine Kamera platziert hat. Seitdem ist Leas Zimmer immer abgeschlossen, vor allem wenn Lea selbst drin ist. Die Situation war extrem bedrohlich, denn dieses Zimmer ist Leas Zuhause, Privatsphäre und Rückzugsort. Lea fühlt sich gefangen in der Einrichtung. Beschwerde einreichen kommt aber nicht infrage. Es gab vorher schon eine Situation, in der kritisiert wurde, dass Lea einen zu tiefen Ausschnitt tragen würde, andere Kleidung wäre angemessener. Das hat gezeigt, wie die Leute in der Einrichtung ticken und dass sie bei einer Beschwerde vermutlich den Fehler bei Lea suchen würden. Außerdem bagatellisieren andere Kollegen die Aktion und sagen Sachen wie »Aber er ist doch ein guter Arbeiter hier« oder »Ach, der hat dich doch bestimmt nur gesucht«.

In der Zeit nach diesem Vorfall bemerkt Lea eine erhöhte Wachsamkeit in sich. Eine Art Lauerstimmung. Als Schutz erzählt Lea nun von deren Partnerschaft und verspürt diffuse Wut und Hilflosigkeit. Dann wiederum fühlt sich Lea total stumpf und hofft, dass die Zeit in der Einrichtung schnell vorbeigeht. Es ist auch nicht das erste Mal, dass Lea so was passiert, die Angst vor solchen Situationen wird jedes Mal stärker. Mit den Kolleginnen zu sprechen hilft am meisten. Im ersten Monat nach der Zeit in der Einrichtung ist Lea vor allem müde und fast ausschließlich allein. Feiern kommt nicht mehr infrage, allein nach Hause zu gehen macht Lea Angst. Auch Schreckhaftigkeit ist ein Problem. Einmal klingelt jemand um drei Uhr nachts, woraufhin Lea fünf Minuten in Schockstarre im Bett liegt, ohne sich bewegen zu können. Nach einiger Zeit sucht sich Lea therapeutische Hilfe. Diese vermutet ein Burn-out mit Symptomen einer posttraumatischen Belastungsstörung. Das Gefühl, dass der eigene Safe Space durchbrochen wurde, das Gefühl, gefangen zu sein und nicht weg von diesem Mann zu können, nicht geschützt zu werden, wirkt noch lange nach.

Leas Geschichte zeigt, wie Belästigung zu psychischen Konsequenzen führt, vor allem, wenn Flucht keine Option ist. Psychische Konsequenzen können vielseitig und manchmal schwer zuzuordnen sein, wie die Geschichte zeigt. Davon aber mal abgesehen zeigt die Forschung, wie stark berufliche Werdegänge durch sexualisierte Belästigung beeinträchtigt werden; Betroffene haben eine geringere Jobzufriedenheit, ihre berufliche Leistungsfähigkeit ist nach der Belästigung eingeschränkt, und sie erleben mehr jobbezogenen Stress.[7] Vor allem aber distanzieren sie sich von den Systemen, in denen sie einer solchen Gewalt ausgesetzt sind, in denen sie nicht geschützt werden.[19] Manche wechseln »nur« den Job, andere schlagen nach Belästigungserfahrungen ganz andere berufliche Wege ein. In meiner Arbeit mit Betroffenen höre ich als Begründung hierfür immer wieder Ähnliches.

»Ich habe das Gefühl, das ist einfach nicht der richtige Ort für mich«, »Ich fühle mich da einfach nicht mehr wohl«, »Vielleicht gehöre ich da nicht hin, ich sollte etwas anderes machen«. Die Antworten zeigen, was die Forschung schon lange weiß: dass sich Betroffene von Belästigung meistens selbst die Schuld für das Erlebte geben und sie zu dem Schluss kommen, dass sie da, wo sie sind, nicht hingehören. Die Frage nach Belästigung, Machtmissbrauch und Sexismus ist also auch immer eine Frage von Diversität. Denn es sind eben die Personengruppen, die ohnehin unterrepräsentiert sind (Frauen, queere Personen, People of Color oder Personen mit Behinderung), die mit überdurchschnittlich hoher Wahrscheinlichkeit attackiert werden. Und die orientieren sich dann eben um, selbst wenn sie ihre Erlebnisse nicht mal als sexualisierte Belästigung einordnen.

Wer also ernsthaft daran interessiert ist, ein Arbeitsumfeld zu schaffen, das Menschen mit unterschiedlichen Identitäten und Hintergründen gleichermaßen anzieht und fördert, wird nicht drum herumkommen, das Thema der Geschlechterdiskriminierung – auch in Form von sexualisierter Belästigung – anzuerkennen, sich ernsthaft damit auseinanderzusetzen und etwas dagegen zu unternehmen.

Belästigung und Geschlecht

Wenn ich von meinem Job erzähle, passiert es immer wieder, dass die erste Reaktion darauf ein echauffiertes »Aber Männer können auch belästigt werden!« ist. Spannend daran ist, dass ich zu dem Zeitpunkt meist noch kein Wort über das Thema Geschlecht verloren habe. Als ich begann, über sexualisierte Gewalt zu forschen, war es mir sehr wichtig, meine Aussagen immer geschlechtsneutral zu formulieren, um keine stereotypen Bilder von sexualisierter Gewalt zu reproduzieren und vor allem, um niemanden auszuschließen. Doch je mehr ich gelesen, recherchiert und geforscht habe, desto klarer zeichnete sich ab, dass ich entscheidende Dinge vernachlässige, wenn ich in Bezug auf sexualisierte Gewalt nicht auch über Geschlecht spreche.

Macht gilt als der zentrale Motor der sexualisierten Gewalt. Und in einer Gesellschaft, in der Macht so ungleich verteilt ist wie in unserer, ist es nur schwer möglich, Geschlecht von Macht zu trennen. Natürlich können alle Geschlechter alle Geschlechter belästigen, und das ist immer verwerflich. Aber es gibt eben auch Geschlechter, die mit höherer statistischer Wahrscheinlichkeit sexualisierte Gewalt ausüben oder erleben. Ungefähr 85 Prozent der sexuellen Belästigungen geschehen von Männern an Frauen.[20] Im

Schnitt geben 60 Prozent der arbeitnehmenden Frauen und nicht binären Personen an, in den letzten zwölf Monaten eine belästigende Verhaltensweise am Arbeitsplatz erlebt zu haben. Für Männer liegt diese Zahl üblicherweise deutlich niedriger, auch weil Männer im Schnitt weniger Verhaltensweisen als belästigend, beängstigend und bedrohlich wahrnehmen als andere Geschlechter.[21] Das liegt zum einen daran, dass Frauen deutlich mehr Vorerfahrung mit sexualisierter Gewalt haben. Zum anderen sind Männer im Schnitt körperlich etwas stärker, weshalb sie sich zumindest körperlich weniger schnell bedroht fühlen. Natürlich können die Folgen von Belästigung auch für Männer fatal sein; Belästigung beeinträchtigt auch bei Männern die mentale Gesundheit, sie führt zu Angst und Depression.[22]

Das Stigma, das männlichen Opfern von sexualisierter Gewalt zuteilwird, ist besonders stark, weshalb die Dunkelziffer von männlichen Opfern vermutlich hoch ist. Immerhin brechen Männer mit dem Stereotyp des »starken Mannes«, der sich doch auch einfach hätte wehren können, wenn sie zu Opfern werden.

Werden Männer belästigt, so geht das oft von anderen Männern aus.[23] Eine Studie zeigt, dass die häufigste Form der Belästigung an Männern die geschlechterbezogene Belästigung ist.[24] Dabei wird ein Mann beispielweise dazu gedrängt, sexualisierte und sexistische Witze anderer Männer anzuhören, die den Arbeitsplatz sexualisieren und ihn somit ungefragt in eine unangenehme Situation bringen. Das ist vor allem ein Problem für Männer, die nicht in das Bild eines stereotypen Mannes passen und als »zu weiblich« wahrgenommen werden, denn diese Männer werden häufiger belästigt als Männer, die stereotype Rollenerwartungen erfüllen. Eine Studie hat beispielweise gezeigt, dass Männer, die sich eine Auszeit von der Arbeit nehmen, um Kinder zu betreuen, eher Belästigung erleben als solche, die das nicht tun.[25]

Pasqual (er/they) meldet sich über die sozialen Medien bei mir. Wir verabreden uns zum Telefonieren. Es ist ihm ein Anliegen, ein Bewusstsein dafür zu schaffen, was er in der Arbeitswelt ständig erlebt. Nach seiner Ausbildung zum Friseur hat er viele wechselnde Jobs ausgeübt. Für seine Acrylnägel bekommt er, egal, in welchem Job, immer wieder Sprüche zu hören und erfährt Abwertungen. Heftiger wird das Ganze aber, als er in einem Handwerksbetrieb anfängt. Er merkt, die anderen Männer dort verhalten sich eher kühl ihm gegenüber, gucken ihn komisch an. Der Job macht ihm aber eigentlich Spaß und er ist gut in dem, was er tut. Deshalb versucht er, das Ganze nicht so an sich heranzulassen. Im Büro fühlt er sich nicht wohl, dort hängen überall pornografische Bilder von nackten Frauen, Brüsten oder Postkarten mit sexistischen Sprüchen. Im Kühlschrank ist das Bier kalt gestellt, manchmal trinken die Männer nach der Arbeit noch eins zusammen, Pasqual hat daran kein Interesse. Er wird aber auch ohnehin nicht gefragt, ob er mittrinken will. Einmal verlässt er den Raum, um sich umzuziehen. Die anderen Männer machen das meistens einfach im Büro, für Pasqual fühlt sich das aber nicht richtig an. Seine Kollegen denken offensichtlich, dass er gegangen ist, denn als er den Raum verlässt, geht es sofort los. »Das ist so ein Komischer«, sagt ein Kollege. »Hast du seine Nägel gesehen?«, sagt der nächste. »Das ist doch kein Mann! Das ist bestimmt so einer ohne Geschlecht«, »Wie bekommt der mit diesen Nägeln überhaupt die Arbeit hin?«, geht es weiter. Pasquals Herz rast. Er muss noch mal zurück zu seinem Spind, seine Sachen sind dort.

Als er das Büro betritt, herrscht Totenstille. Keiner der Männer sagt etwas, die Situation ist allen sichtlich unangenehm. Danach schreibt sich Pasqual erst mal krank. Es ist das erste Mal, dass er sich von irgendeinem Job krankschreiben lässt, aber er merkt, er kann nicht mehr zurück in diesen Betrieb. Er entscheidet sich dazu, eine Beschwerde einzureichen. Die Chefinnen der Firma haben Verständnis und bedauern die Umstände. So etwas passiere ständig, räumen sie ein. Ihre Versuche, den Handwerksbetrieb attraktiv für Menschen zu machen, die nicht stereotyp männlich sind, scheitern.

Pasqual durchlebt nach diesem Job eine psychisch schwierige Phase, er leidet unter Depressionen. Für seine Depression gibt es viele Gründe. Die Sprüche seiner Kollegen und die Ausgrenzung in dem Job, der ihm eigentlich Spaß gemacht hat, waren für ihn das i-Tüpfelchen. Es ist auch nicht das erste Mal, dass sich Kollegen ihm gegenüber so verhalten. Im Gegenteil. Er sagt: »Ich stehe zu dem, was ich bin, deshalb passiert mir so was ständig. Ich werde abgewertet, weil ich zu feminin bin, als hätte das irgendwas mit meiner Arbeit zu tun.«

Forscher:innen wie Jennifer Berdahl vertreten die Ansicht, dass Belästigung eine Funktion hat. Nämlich Personen, die sich traditionellen Geschlechterrollen widersetzen, herabzusetzen, um die bestehende Geschlechterhierarchie zu verstärken oder wiederherzustellen.[6] Menschen, die mit Geschlechterstereotypen brechen, werden häufiger belästigt als solche, die sich eher geschlechterkonform zeigen. Zum Beispiel haben queere Personen, trans Personen oder Feminist:innen ein besonders hohes Risiko, am Arbeitsplatz belästigt zu werden.[24,25]

Männer belästigen mehr, wenn sie denken, dass ihre

Männlichkeit bedroht wird.[26] Das Motiv dabei ist oft, ein Gefühl von »Männlichkeit« wiederherzustellen, zu schützen oder zu stärken, so die Forschung über die Psychologie von belästigenden Männern. Vor allem Männer mit einem starken Machtmotiv sind anfällig dafür, andere zu belästigen. Man könnte sagen, dass es sexuelle Belästiger »antörnt«, andere zu dominieren, sei es sexuell oder anderweitig. In der Tat zeigen Studien, dass eher Feindseligkeit – und nicht wie allgemein angenommen Anziehung – zu Belästigung führt. Es geht Belästigenden in der Regel um Macht und Dominanz, nicht um fehlgeleitete Annäherungsversuche. Macht und Dominanz können natürlich auch Frauen motivieren, sich übergriffig zu verhalten. Dadurch dass für Männer ein starkes Machtmotiv aber sogar sozial erwünscht ist, ist es nur logisch, dass die allermeisten Belästigungsfälle in der prototypischen Geschlechterkonstellation passieren. Männer werden einfach weniger für dominantes Verhalten bestraft als andere Geschlechter.[27]

In einem Experiment ließen Matthew Grabowski und Kolleg:innen 391 Männer sechs Geschichten lesen. In jeder dieser Geschichten belästigt ein Mann eine Frau. Die Szenarien darin waren identisch, abgesehen davon, dass sich die Betroffenen in der einen Geschichte geschlechterstereotyp verhielten und in der anderen nicht. Bei der Hälfte der Szenarien bedrohte die Belästigte den geschlechterbezogenen Status des Belästigers, bei der anderen verhielt sich die Betroffene geschlechterkonform. Sie sagte zum Beispiel »Ich möchte einfach mein Bestes in diesem Unternehmen geben« anstatt »Jemand muss dieser Firma zeigen, wer hier die Hosen anhat. Es könnte genauso gut ich sein«. Die Männer, die Szenarien mit der Betroffenen gelesen hatten, die den geschlechterbezogenen Status bedrohte, fühlten sich tatsächlich in ihrer Männlichkeit angegriffen. Spannender aber ist, dass die Männer in dieser Gruppe von einer höheren Motivation berichteten, selbst jemanden zu belästigen. Sie gaben danach beispielsweise eher an, dass sie einer Kollegin gegenüber »anzügliche Bemerkungen« machen würden, sie eine »Schlampe« oder einen Kollegen ein »Muttersöhnchen« nennen würden. Einige Forscher:innen schlussfolgern, dass geschlechterbezogene Belästigung als »gerechtfertigtes« schädliches Verhalten ausgeführt wird, um die Quelle der empfundenen Bedrohung des Status zu beseitigen. Dabei wird der Zusammenhang zwischen empfundener Geschlechterstatus-Bedrohung und der dadurch erhöhten Motivation von Männern, zu belästigen, durch Machtmotive getrieben, also zum Beispiel durch das Motiv, andere zu dominieren, Prestige zu gewinnen und die Führung zu übernehmen.[28]

Lianne (sie/her) treffe ich in einem italienischen Restaurant in der Nähe ihrer Wohnung. Sie ist die Art von Person, bei der auffällt, wenn sie den Raum betritt. Ihre Präsenz ist spürbar, ihr Blick offen, sie hält Augenkontakt und zeigt keine Verlegenheit, selbst bei den schwierigen Themen. Sie erzählt mir, dass sie vor zweieinhalb Jahren eine neue Stelle in einer Agentur angefangen hat. Zwar brachte sie wenig Erfahrung mit, im Bewerbungsgespräch konnte sie allerdings derart glänzen, dass sie trotzdem genommen wurde. Sie fängt als einzige Frau in der kleinen Firma an, und schnell wird der Job ihr wichtig, sie ist gut in dem, was sie tut. Die Kund:innen, die sie betreut, vertrauen ihr. Einige fragen explizit nach ihr, wollen nur noch von ihr betreut werden. Nach ein paar Monaten trifft der erste Brief von einem Kunden ein, in dem ihrem Chef mitgeteilt wird, dass der Kunde ihn zugunsten von Lianne von einer Projektleitung abziehen möchte. Zu dem

Zeitpunkt steht für sie die Position als Projektleiterin noch nicht im Raum, der Kunde findet sie aber deutlich besser als ihren Chef. Ihr Können bleibt in der Firma nicht unbemerkt. Es dauert nicht lange, bis sie mehr Verantwortung bekommt, ihr Zuständigkeitsbereich erweitert sich, sie wird besser entlohnt, und nach 16 Monaten hat sie sogar Anteile an der Firma. Ihr Weg klingt nach einer verdienten Erfolgsstory, und genau das ist er auch. Und eigentlich wäre alles gut, wäre da nicht ihr Chef. Sie bemerkt das erste Mal, dass irgendetwas komisch ist, als sie in ihrer dritten Arbeitswoche dem Slack-Chat der Firma beitritt. Ihr Chef schreibt ihr daraufhin: »Ach, gut siehst du heute aus.« Sie weiß nicht, was sie dazu sagen soll, weshalb sie einfach nicht darauf eingeht. In der Zeit danach schreibt er ihr immer häufiger. Er erkennt ihr Potenzial und bezieht sie stärker mit ein, bespricht seine Strategien mit ihr. Dabei testet er aber auch weiter ihre persönlichen Grenzen aus, macht ihr viele Komplimente und nimmt scheinbar nicht wahr, dass sie nicht darauf eingeht. Ein paar Wochen nach ihrem Stellenantritt werden die Coronaregeln etwas gelockert, und die beiden begegnen sich von nun an nicht mehr nur virtuell, sondern auch im Büro. Eines Nachmittags machen Lianne und ihr Chef die Büros der zweiten Etage schön. Sie werfen sich dabei Sprüche zu, albern rum, doch wie aus dem Nichts gibt der Chef ihr mit einem Stock einen Klaps auf den Hintern. Sie schaut ihn schockiert an, weiß nicht, was sie sagen soll. In der darauffolgenden Zeit versucht sie zu mauern, erzählt zum Beispiel von ihrem Freund. Lianne beschreibt ihre Versuche, ihn von sich abzuwenden, als Schutzwall. Kündigen ist zu dem Zeitpunkt keine Option, sie ist auf den Job angewiesen. In Anbetracht der Pandemie würde es schwer werden, etwas Neues zu finden. Irgendwann sagt ihr Chef, dass er dringend mit ihr reden müsse.

Ohne zu wissen, was los ist, lässt sie sich auf ein Essen mit ihm ein. »Die Gespräche zwischen uns beiden sind es nicht«, sagt er. »Aber körperlich fühle ich mich sehr stark zu dir hingezogen. Ich kann Arbeit und Privates trennen, kannst du das auch?« Sie ist perplex und stellt unmissverständlich klar, dass sie Privates und Berufliches niemals vermischen würde, sie außerdem glücklich in einer Beziehung sei. Sie erklärt ihm, dass sie niemals etwas mit ihrem Chef anfangen würde, da sie sich in einem Abhängigkeitsverhältnis zu ihm befinde. Er versteht das nicht. Er sagt, für ihn seien er und Lianne auf einer Ebene und er würde keine Abhängigkeit sehen. Sie ist wütend: Immerhin ist nicht von der Hand zu weisen, dass er sie kündigen könnte, über ihr Gehalt und die Karrieremöglichkeiten in der Firma entscheidet. Nach diesem Essen folgen Monate einer Push-Pull-Dynamik. Immer wieder versucht er, sich ihr anzunähern, immer wieder weist sie ihn zurück, zeigt ihre Grenzen auf. Jedes Mal, wenn sie das tut, führt das dazu, dass sie anschließend für eine gewisse Zeit geghostet wird. Die ganze Arbeit bleibt in der Zeit an ihr hängen, sie stemmt dann Aufgaben allein, die sie und ihr Chef gemeinsam erledigen müssten, führt irgendwann sogar das Geschäft fast im Alleingang. Inzwischen haben schon fünf Kund:innen geäußert, dass sie die Firma verklagen würden, wenn Lianne nicht da wäre, ihr Chef verhält sich auch ihnen gegenüber oft sehr unprofessionell. Sein Verhalten empfindet sie als Bestrafung, in der Zeit weint sie viel. Sie sagt ihm, dass sie wegen seiner unprofessionellen Art durch die Hölle geht. Oft wechselt sein Verhalten dann zwischen extrem liebevoll und absolut abwertend und dramatisch. Er dreht ihr die Worte im Mund um, degradiert sie vor Kund:innen und Kollegen, stellt sie bloß. Einmal antwortet er zwei Wochen nicht auf ihre Nachrichten, weil er beleidigt ist, dass sie von einem anderen Mann gesprochen hat. Als sie aufgrund seines Verhaltens kündigen will, verkündet er ihr seine Liebe und fleht sie an, zu bleiben. Die Firma würde ohne sie zugrunde gehen. Er verspricht, sein Verhalten zu ändern. Trotzdem folgen unzählige weitere Diskussionen und die emotional sehr anstrengende Arbeit, ihn immer wieder in seine Schranken weisen zu müssen, ihm zu erklären, warum sie sich degradiert fühlt, wenn er als ihr Chef sie auf ihr Aussehen reduziert, ihr vor Kollegen sagt, die enge Hose stünde ihr aber besonders gut. Ihre Klarheit überfordert ihn. Er sagt, es sei das erste Mal, dass er mit »so einer« Frau zusammenarbeite, und auch in seinem privaten Umfeld sei er nicht gewohnt, dass die Frauen ihm Widerworte geben. Einmal gehen sie mit der ganzen Firma essen. Dabei kommt das Gespräch auf ein feministisches Thema, und Lianne vertritt selbstbewusst ihre Meinung. Ihr Chef fühlt sich daraufhin derart angegriffen, dass er aufsteht und ohne ein Wort zu sagen die Firmenfeier verlässt. Die Kollegen verstehen nichts, Lianne vermutet, dass jetzt wieder eine Phase der Bestrafung folgt. Als sie zwei Stunden später nach Hause kommt, sitzt er auf dem Bürgersteig vor ihrer Haustür. Er sagt, dass er nicht ertragen könne, dass sie ihn nicht liebe, dass sie so hart sei. Wie schon so oft erklärt sie ihm, dass sie keinerlei Interesse an einer romantischen Beziehung mit ihm habe. Doch selbst nach diesem Abend gibt er nicht auf. Einmal ist sie krank, und er steht wieder uneingeladen vor ihrer Haustür, er hat für sie eingekauft. Das empfindet sie als bedrohlich und meldet sich für zwei Wochen krank. Die unzähligen Male, die sie Nein zu ihm gesagt hat, scheinen unbemerkt an ihrem Chef vorbeizuziehen.

Von ihrem Umfeld bekommt Lianne vor allem einen Ratschlag: Kündige! Das versetzt sie in Rage. Wieso soll sie diejenige sein, die geht, wenn er sich falsch verhält? Die Einarbeitung als Quereinsteigerin hat sie 70–80 Stunden die Woche unter Mindestlohn gekostet. All die investierte Zeit soll sie jetzt verlieren, weil ihr Chef kein Nein versteht? Das ist unfair. »Ich sehe es einfach nicht ein«, sagt sie. »Wieso soll ich den Kürzeren ziehen? Es ist nicht so, dass ich das einfach mit mir machen lasse. Ich stehe jeden Tag auf und stelle mich dem, wehre mich, weise ihn in seine Schranken. Ich habe mir in dieser Firma etwas aufgebaut. Sein Verhalten behindert meine Arbeit, und das ist das Problem, nicht ich!« Sie ist müde, ihr steht ins Gesicht geschrieben, wie genervt sie von all dem ist. »Ich habe einfach keinen Bock mehr, mich zu ducken!«

Wie Liannes Geschichte zeigt, vermischen sich am Arbeitsplatz organisatorische Hierarchien mit der Geschlechterhierarchie. Lianne ist ihrem Chef unterstellt, der das Machtgefälle zwischen den beiden aber negiert. Sie bedroht mit ihrem Verhalten nicht nur seine Position als ihr Chef, da die Kunden lieber von ihr betreut werden, sondern auch die Geschlechterhierarchie. Er sagt, er ist es nicht gewohnt, dass ihm Frauen Widerworte geben, das scheint ihn zu provozieren, sie weiter zu belästigen, anstatt ihr Nein zu akzeptieren. Eine solche Verflechtung aus organisatorischer Hierarchie und Geschlechterhierarchie wirkt sich auf das Arbeitsklima aus. Ist ein Arbeitsklima durch Führungskräfte und / oder die Arbeitsumgebung von männlichen Idealen oder Normen geprägt – zum Beispiel, wenn der Wettbewerb mit anderen und das Verbergen von Schwächen besonders geschätzt werden –, sind es auch eher Männer, die es in diesen Hierarchien an die Spitze schaffen, und es kommt vermehrt zu sexualisierter Belästigung, die Nicht-Männer oder nicht stereotype Männer aus dieser Arbeitsumgebung vertreibt.[29,30]

Die Normen, die Arbeitsplätze prägen, nehmen also einen großen Stellenwert ein. Sind sie stark von stereotyp männlichen Idealen geprägt, werden stereotyp männliche Eigenschaften auch mit höherem Status, Macht und Privilegien belohnt, und es kommt zu mehr Belästigung gegenüber allen, die diesen männlichen Status bedrohen.

Die Hierarchie der Geschlechter ist so universell, wie sie systematisch und individuell ist. Wir begegnen ihr weltweit, in den verschiedensten Formen und Ausprägungen, wir durchlaufen Institutionen, die von ihr geprägt sind, und gleichzeitig sind viele von uns mit dem Thema im Privatleben täglich konfrontiert, vor allem, wenn wir in heterosexuellen Beziehungen leben. Dass das Thema so allgegenwärtig ist, macht es komplizierter. Weil es schwierig sein kann, den Status quo zu hinterfragen, wenn das bedeutet, dass sich jemand dadurch bedroht fühlt. Gerade wenn man sich liebt. Aber auch wenn man befürchtet, dass der Chef oder Kollege vor den Kopf gestoßen wird.

Mein ehemaliger Chef hat einmal bei einem Poetry-Slam-Event empört auf die Beine einer Frau gezeigt und angeekelt gesagt, die Frau habe ja Haare an den Beinen. Ich habe in dem Moment abgewogen und mich entschieden, in Anbetracht des laufenden Slams nichts zu sagen. Ich wusste auch, dass eine weitere Diskussion über »solche Themen« (es wäre nicht unsere erste gewesen) unserer Arbeitsbeziehung nicht guttun würde. Ich hatte damals das Gefühl, meine Abwägung gut getroffen zu haben, heute bin ich mir da nicht mehr so sicher. Ich erinnere mich, wie ich in dem Sommer nach dem Poetry-Slam zu längeren Hosen griff, wenn meine Beine nicht perfekt rasiert waren. Ich wollte einfach nicht von ihm auf diese Art betrachtet und abgewertet werden. Lieber passte ich mich seinen Vorstellungen davon, wie eine

Frau ihre Beine zu präsentieren hat, an. Eine nervige zusätzliche Arbeit, die unbewusst ablief. Denn natürlich war es nicht das erste Mal in meinem Leben, dass ein Mann über (meine) Körperbehaarung urteilte. Selbstverständlich darf jede Person persönliche Präferenzen haben und rasierte oder unrasierte Menschen schön oder anziehend finden. Eine Voraussetzung dafür, am Arbeitsplatz nicht vom eigenen Chef abgewertet zu werden, sollte die Beinbehaarung jedoch nicht sein. Denn erstens sollte es um meine Leistung gehen und nicht darum, was mein Chef an mir und anderen Frauen ästhetisch findet, und zweitens bedeutete das sorgfältige Vermeiden sichtbarer Haare für mich in diesem Sommer zusätzliche Arbeit, die meine männlichen Kollegen nicht erledigen mussten – und die sie nicht einmal bemerkten. »Der Sören ist halt so«, sagten sie, wenn ich mich über ähnliche Aussagen von ihm beschwerte, und lächelten.

Pasquals und Liannes Geschichten zeigen, wie unterschiedlich Belästigung aussehen kann und dass es trotzdem meist darum geht, Menschen herabzuwürdigen, die die eigene Macht bedrohen. Nicht selten, indem sie sich traditionellen Geschlechterrollen widersetzen. Lianne und Pasqual bedrohen beide die gewohnte Geschlechterhierarchie, indem sie sich anders verhalten, als es von ihnen erwartet wird. Pasqual wird abgewertet, weil er sich »zu feminin« präsentiert, und Lianne wird für ihr »zu dominantes« Verhalten und ihr klares Nein bestraft. Ihr Chef sagt ihr, dass es das erste Mal ist, dass er mit »so einer« Frau zusammenarbeite, und dass er diese Art der Zurückweisung nicht gewohnt sei. Auslöser für Belästigung können unterschiedlich sein – was sie aber oft verbindet, ist ein abweichendes Verhalten von Geschlechterstereotypen und oft eine wahrgenommene Bedrohung des (männlichen) Status. Natürlich kann auch eine Mischung aus

Anziehung und Machtmotiven zu Belästigung führen, so wie es vermutlich bei Liannes Chef der Fall war. Pasquals und Liannes Geschichten unterstreichen die Forschungsbefunde, dass der Kern von Belästigung Macht ist und die ständige Furcht, diese könnte bedroht werden.

Macht am Arbeitsplatz

Machtmotive können, statistisch gesehen, den Zusammenhang zwischen Geschlechterstatus-Bedrohung und der erhöhten Motivation von Männern, zu belästigen, erklären. Was bedeutet das? Bei sexualisierter Belästigung geht es um Macht und darum, sie an sich zu reißen oder zur Schau zu stellen. Es bedeutet auch, dass wir, wenn wir über sexualisierte Gewalt sprechen, immer auch über Macht sprechen müssen und darüber, wie sie verteilt ist. In unserer Gesellschaft zum Beispiel. In der besetzen Männer den Großteil aller Machtpositionen. Weil sie die geborenen Führungspersonen sind? Das kommt darauf an, welchen Führungsstil wir gesellschaftlich als erstrebenswert ansehen, aber dazu später mehr.

Dass Gewalt ein Spektrum ist, habe ich bereits thematisiert. Aber was beeinflusst, ob »nur« ein abwertender »Witz« erzählt wird oder es zu einer Vergewaltigung kommen kann? Über einige der Faktoren wie feindselige Einstellungen gegenüber Frauen oder eigene traumatische Erfahrungen spreche ich in diesem Buch. Macht aber ist der zentrale Faktor, der gewaltvolles Verhalten nicht nur antreibt, sondern es überhaupt erst möglich macht. Max Weber definiert: »Macht ist die Wahrscheinlichkeit, dass eine Person in einer sozialen Beziehung in der Position ist, den eigenen Willen gegen Widerstände durchzusetzen.«[31]

Wenn jemand sich sexualisiert gewalttätig verhält, missachtet diese Person die Bedürfnisse, Grenzen und die Autonomie der anderen Person und entscheidet sich dazu, unempathisch und im Eigeninteresse zu handeln. Um das ungestraft machen zu können, braucht man Macht oder zumindest die Aussicht auf Macht innerhalb der Situation. Gewalttätiges Verhalten entsteht also nicht aus dem Nichts, und nicht ohne Grund erhöhen starke Hierarchien die Auftretenswahrscheinlichkeit von sexualisierter Belästigung. Das Machtvakuum, das entsteht, wenn Chef:innen quasi Narrenfreiheit haben und im Alleingang über Karrieremöglichkeiten entscheiden können, kann ermöglichen, dass aus einer Einstellung auch ein Verhalten wird. Jemand, der »nur« frauenfeindliche Einstellungen hat, aber keinerlei Macht und Möglichkeiten, wird es genau dabei belassen. Weil Verhalten nur dann ausgeführt werden kann, wenn es das Außen und die Situation auch ermöglichen. Jemand, der frauenfeindliche Einstellungen hat und in einer Führungsposition ist, wird das auch im Verhalten Frauen gegenüber zeigen können.

Machtmissbrauch ist ein weites Feld. So weit, dass das Thema schwer zu begrenzen ist, so unglaublich viele Verhaltensweisen können Machtmissbrauch sein. Im Grunde fällt alles unter Machtmissbrauch, bei dem eine Person die Macht, die sie über eine andere Person hat, für die eigenen Ziele ausnutzt. Deshalb konzentriere ich mich in meiner Forschung auf nur eine Form des Machtmissbrauchs: die sexualisierte Belästigung am Arbeitsplatz. Es geht aber bei allen Formen des Machtmissbrauchs darum, Macht zur Schau zu stellen und zu missbrauchen. Die Regeln und Rangordnungen eines Systems werden ausgenutzt, um die Freiheit derjenigen am unteren Ende zu begrenzen oder sie zu Dingen zu bewegen, die sie normalerweise nicht tun würden. Um die eigenen Ziele durchzusetzen, selbst wenn das nicht gut für die andere Person ist. Auf der anderen Seite fühlt sich das Ganze so an, als ob man das alles machen müsste, weil sonst nicht professionell weitergearbeitet werden könne. In den USA ist Dating im Unternehmen deshalb oft untersagt. In Deutschland ist das anders. Deshalb ist es wichtig, Konsens, also Einvernehmlichkeit, herzustellen, auch wenn das am Arbeitsplatz komplizierter ist als im Privaten. Sobald ein hierarchisches Verhältnis besteht, ist eine Person von der anderen abhängig. Dadurch ist es nicht möglich, Konsens herzustellen. Konsens unter der Prämisse der *Freiwilligkeit* kann nicht klar genug hergestellt werden. Es ist kaum möglich, zu wissen, ob sie nichts gesagt hat, weil es ihr eigentlich ganz gut gefiel, dass ihr Chef ihr an den Hintern gefasst hat, oder ob sie nur ihre Karriere nicht riskieren wollte, weil sie finanziell drauf angewiesen ist. Hat sie bei dem frauenfeindlichen Witz gelacht, weil sie den Witz wirklich witzig fand, oder nur, weil sie es sich nicht mit ihrem Kollegen vermasseln wollte? Ist am Arbeitsplatz dann jetzt alles verboten, was Spaß macht?

Ganz im Gegenteil. Ich glaube, alles kann viel mehr Spaß machen – für alle Beteiligten. Führungskräfte müssen sich dafür aber bewusst machen, dass gewisse Handlungen wie das Sexualisieren und Abwerten von Frauen und allen, die mit Geschlechterstereotypen brechen, auf der anderen Seite Schaden anrichten und dass hierarchische Strukturen es schwer machen, sich zu wehren. Wer sich tatsächlich am Arbeitsplatz verlieben sollte, wird dafür eine einvernehmliche Lösung finden. Sei es, den Job oder Vorgesetzten zu wechseln oder offen mit dem Thema der hierarchischen Beziehung zueinander umzugehen und die Beziehung zueinander offenzulegen. Aber um diese Fälle soll es hier nicht gehen, denn Belästigung hat mehr mit Feindseligkeit als mit Liebe oder Anziehung zu tun. Der Arbeitsplatz sollte ein Ort sein, wo die Karrieren aller Menschen gleichermaßen gefördert werden und an dem es auf Kompetenz und fachliche Leistung ankommt.

Wir alle werden mit dem Märchen groß, dass es einzig und allein auf unsere Leistung und unser Arbeitsethos ankommt. Dass wir, wenn wir andere gut und freundlich behandeln und unsere Arbeit gut machen, Karriere machen können. Leider ist das in der Regel nicht so. Macht erlangt man eher auf anderem Wege. Um wirklich erfolgreich zu sein, kommt es vor allem auf eins an: die Regeln des Macht-Spiels zu verstehen!

Jeffrey Pfeffer ist Wirtschaftswissenschaftler und unterrichtete lange Zeit einen der erfolgreichsten Kurse der Stanford Business School. »The Paths to Power«, also »Wege an die Macht«, hieß sein Kurs. Er sagt, dass alles, was uns darüber erzählt wurde, wie wir in dieser Welt erfolgreich sein können, eine Lüge ist und dass einfach nur hart zu arbeiten uns nirgendwohin bringen wird. In seinem Kurs unterrichtete er die Erfolgsstrategien des Macht-Spiels. Diese Strategien fassen Erkenntnisse aus der sozialwissenschaftlichen und sozialpsychologischen Forschung sowie den Wirtschaftswissenschaften zusammen und lauten wie folgt:

1. Andere Menschen als Ressource betrachten.
2. Strategische Allianzen mit Menschen bilden, die erfolgreich sein werden.
3. Raum einnehmen und unbescheiden sein.

4. Wut ausdrücken, um Menschen zu manipulieren.
5. Lügen, um sich selbst in ein besseres Licht zu rücken.

Sich die Regeln des Macht-Spiels so ungeniert vor Augen zu führen, zeigt, wie moralisch verwerflich vieles ist, was in unserer Welt mit Macht belohnt wird.

So ist es wohl kein Wunder, dass Menschen, die sich hoch auf der sogenannten dunklen Triade der Persönlichkeit befinden – also auf den Persönlichkeitsdimensionen Narzissmus, Machiavellismus und Psychopathie –, eher in machtvollen Positionen sind als andere. Diese drei Persönlichkeitsmerkmale sind durch Folgendes gekennzeichnet: Menschen mit narzisstischen Persönlichkeitsmerkmalen haben ein übermäßiges Interesse an sich selbst, ihrem eigenen Erfolg, ihrer Repräsentation nach außen. Sie sind süchtig nach der Anerkennung, die sie in ihrer Kindheit nicht oder unverhältnismäßig viel bekommen haben. Um das auszugleichen, neigen sie dazu, sich als überlegen zu betrachten und wenig Empathie für andere zu empfinden. Machiavellistische Personen sind manipulativ und opportunistisch. Sie sind bereit, andere zu täuschen und auszunutzen, um die eigenen Ziele zu erreichen. Oft haben sie wenig Mitgefühl für die Gefühle anderer. Psychopathische Personen zeigen ein Muster von impulsivem Verhalten, mangelndem Empfinden für die Rechte anderer und geringer emotionaler Bindung. Sie können kaltherzig und rücksichtslos sein und Spaß daran haben, andere Menschen kleinzumachen. Alle diese Charaktereigenschaften haben einen starken Ich-Bezug und mangelnde Empathie gegenüber anderen gemein. Diese Eigenschaften gehen auch mit einer erhöhten Motivation zu belästigen einher. Die Macht, nach der diese Menschen streben, motiviert schließlich die Handlung der Belästigung selbst, wie wir gelernt haben.

Dass genau diese Eigenschaften vorhersagen, ob jemand in eine machtvolle Position kommt oder nicht, ist zunächst einmal vor allem ernüchternd. Wir müssen uns aber mit den Tatsachen auseinandersetzen. Und nur wer das Macht-Spiel versteht, wird es strategisch anwenden und es irgendwann ganz anders machen können.

Nachdem Peter Belmi, ein Wirtschaftswissenschaftler, der inzwischen an der Darden School of Business in Virginia Seminare zu Leadership gibt, an dem Macht-Spiel-Kurs in Stanford teilnahm, dachte er zunächst, er wolle in dieser Welt schlichtweg keine machtvolle Position. Die Prinzipien des Macht-Spiels anzuwenden erschien ihm unmoralisch und falsch. Seine philippinische Sozialisierung, in der er gelernt hatte, Rücksicht auf andere zu nehmen, bescheiden zu sein und auf das Wohlergehen anderer zu achten, stand im Widerspruch zu dem, was er in dem Kurs lernte. Heute zeigt er in seiner Forschung, dass es anderen genauso geht wie ihm. Besonders Menschen aus nicht westlichen Kulturen, in denen gemeinschaftliche Werte höher bewertet werden als individuelle, sind von dem Macht-Spiel abgeschreckt.

Er fand heraus: Auch Menschen mit ökonomisch benachteiligten Hintergründen streben weniger nach Macht, vor allem, wenn sie dafür die Regeln des Macht-Spiels anwenden müssten.[32] Denn das Macht-Spiel passt schlichtweg nicht zu ihren Werten. Es löst innere Konflikte bei ihnen aus. Solch negative Gefühle über Macht führen dazu, dass manche Menschen Macht vermeiden wollen und sich dort, wo sie ist, nicht wohlfühlen, vor allem, wenn sie schon mal negative Erfahrungen damit gemacht haben. Viele spüren intuitiv, dass das Macht-Spiel nichts für sie ist, und wollen eher in die Mitte von Unternehmen als an die Spitze.

Menschen aus wohlhabenden Familien sind im Schnitt

mit anderen Werten aufgewachsen: Eine gute Person zu sein bedeutet für sie, dass man sich auf sich selbst konzentriert. Herauszufinden, wie man heraussticht. Das passt viel besser zum Macht-Spiel. Auch wenn Peter Belmi das bisher noch nicht explizit getestet hat, bin ich mir sicher, dass auch viele Frauen vom Macht-Spiel abgeschreckt sind, weil es schlechter zu ihren Werten und ihrer Sozialisierung passt. Immerhin zeigt die Forschung zum sogenannten Glasdeckeneffekt schon lange und konsistent, dass es für Frauen sehr viel schwerer ist, an die Spitze zu kommen, weil ihre weibliche Sozialisierung nicht zu den Werten passt, die in unserer Gesellschaft mit Führung und Macht assoziiert werden. Ich halte es deshalb für wahrscheinlich, dass Frauen, die das Macht-Spiel genauso anwenden, wie Jeffrey Pfeffer es vorschlägt, für dieses ichbezogene und unempathische Verhalten abgewertet werden, weil Rollenerwartungen ihnen vorschreiben, fürsorglich und empathisch zu sein. Was dazu führt, dass sie es kaum an die Spitze schaffen können. Ob mit oder ohne Macht-Spiel.

Um also auf die Frage zurückzukommen: Sind Männer die geborenen Führungspersonen? Das kommt darauf an, ob wir die Regeln des Macht-Spiels unhinterfragt so annehmen oder ob wir über sie hinauswachsen wollen. Denn Peter Belmis Forschung zeigt auch, dass es eine Möglichkeit gibt, Menschen, für die das Macht-Spiel nichts ist, dazu zu motivieren, nach Macht zu streben – indem man ihnen zeigt, dass sie mit ihrer eigenen Machtposition anderen helfen können, denen es ähnlich geht wie ihnen selbst. Es gibt einen Führungsstil, der dem des Macht-Spiels in Bezug auf die Erreichung arbeitsbezogener Ziele in nichts nachsteht und der zugleich mit gruppenbezogenen Wertvorstellungen harmoniert. Der **prosoziale Weg** folgt den Prinzipien:

1. Viel in die Arbeit investieren
2. Authentisch, ehrlich und bescheiden sein
3. Detailgetreu und moralisch arbeiten
4. Teamplayer:in sein
5. Anderen helfen und die Person sein, an die sich andere wenden können, wenn sie Probleme haben

Ob der prosoziale Weg oder der Weg des Macht-Spiels in Bezug auf die erbrachte Leistung effektiver ist, konnte die Forschung noch nicht eindeutig klären. Im Moment deutet alles darauf hin, dass beide Wege effektiv sein können, je nachdem, in welchem Kontext man sich befindet.

Macht ist der zentrale Motor der Belästigung. Sie befeuert Belästigung nicht nur, sie macht Belästigung auch überhaupt erst möglich, und Menschen, die zu Belästigung neigen, haben Charaktereigenschaften, die in unserer Gesellschaft mit Machtpositionen belohnt werden. Denn ichbezogenes, wenig empathisches Verhalten führt nicht nur schneller zum Erfolg, sondern auch dazu, dass Menschen diese Macht anderen gegenüber gerne ausnutzen, zum Beispiel, indem sie sexualisiert belästigen. Menschen, die den Weg des Macht-Spiels ablehnen, sind davon abgeschreckt, nach Macht zu streben. So wirken negative Gefühle in Bezug auf Macht strukturell, indem sie Menschen, die nicht zum Macht-Spiel passen, davon abhalten, überhaupt erst nach Macht zu streben. Wir denken oft an Sexismus, Rassismus, Klassismus, Ableismus oder Queerfeindlichkeit, wenn es darum geht, wieso gewisse Gruppen in Machtpositionen unterrepräsentiert sind. Was all diese Gruppen gemein haben, ist, dass sie aufgrund der eigenen Diskriminierung in ihrer Sozialisierung gelernt haben, die Perspektive einer anderen Partei zu sehen. Weil sie gesellschaftlich nicht als Norm, sondern als

Abweichung gelten. Sie sind nicht der Standard. Empathie mit anderen Gruppen zu haben ist eine Eigenschaft, die nach dem aktuell vorherrschenden Prinzip des Macht-Spiels im Gegensatz zu Macht und Erfolg steht, obwohl sie inhaltlich für Qualität steht.

Um das aufzulösen und damit in letzter Konsequenz die Strukturen aufzubrechen, die belästigendes Verhalten befeuern, müssen wir die Strategien des Macht-Spiels kennen. Das kann uns motivieren, selbst Macht zu erlangen, um einen anderen, einen prosozialen Weg einzuschlagen und so denen zu helfen, die sich auch nicht mit dem Weg des Macht-Spiels identifizieren können. Dafür muss man sich durch das Macht-Spiel navigieren, wenn es nötig ist, und dann, wenn es möglich ist, trotzdem empathisch und rücksichtsvoll sein, um die zu stärken, die keine Macht haben.

Weil wir alle Perspektiven brauchen. Weil Diversität eine Stärke ist und Unterschiede unsere Lehrer:innen sein sollten. Wenn wir Angst vor Unterschieden haben, lernen wir nichts und stagnieren in nur einer Weltsicht. Erlangen jedoch Menschen mit verschiedensten Hintergründen Macht, so kann sich ein prosozialer Führungsstil etablieren, der so viele Perspektiven wie nur möglich berücksichtigt. Das verändert den gesellschaftlichen Umgang mit Betroffenen von Belästigung dahingehend, dass wir ihnen gegenüber die Empathie und Unterstützung aufbringen, die sie verdient haben. Ich halte es außerdem für wahrscheinlich, dass sich dadurch die Fälle von Belästigung reduzieren lassen, weil Menschen mit der dunklen Triade der Persönlichkeit nicht mehr so häufig in Machtpositionen gelangen wie aktuell.

Donald Trump, Till Lindemann, Woody Allen, Harvey Weinstein, Bill Cosby, Pablo Picasso – auch das sind Männer, die mutmaßlich ihre Macht an ihrem Arbeitsplatz missbraucht haben, um über Frauen zu verfügen. Dabei kam ihnen ihr Status als Prominente oder Genies zugute, sodass es Jahre und unzählige Betroffene brauchte, bis Teile ihres Fehlverhaltens ans Licht gebracht werden konnten. Wie kompliziert die Aufklärung war, zeigt: Diese Männer sind keine Ausnahme, keine Einzelfälle. Sie sind der Standard, nicht die Abweichung. Sie haben diesen Status, diese Macht erlangt, indem sie das Macht-Spiel perfektioniert haben. Und sich dafür von ihren authentischen Gefühlen abgeschnitten haben, weil ihnen ihr Bild nach außen, ihre Reputation wichtiger war als alles andere. Pablo Picasso soll einmal gesagt haben: »Zerstöre die Frau, und du zerstörst die Vergangenheit, die sie repräsentiert.«[33] Genau das ist das Prinzip, das heute noch viel zu häufig mit mehr Macht belohnt wird. Hätten diese Männer Zugang zu ihren wahren Gefühlen, dann müssten sie die unangenehmen Gefühle von Schuld und Scham spüren, die sie auf die Menschen abwälzen, die sie belästigen. Anstelle sich in ihrem Gottkomplex zu suhlen, müssten sie fühlen, dass sie sich möglicherweise falsch verhalten haben. Dass sie nicht übermenschlich, sondern genauso fehlbar wie jede:r andere sind. Die emotionale Größe, sich das einzugestehen, haben diese Männer nicht. Reputation über Menschlichkeit, das ist das Prinzip.

Fragt man Männer, ob sie sich schon einmal übergriffig verhalten haben, dann sagen weniger als ein Prozent Ja. Sich rückblickend Fehler einzugestehen, besonders wenn man jemanden verletzt hat, ist eine Gabe, die in unserer Gesellschaft kaum gelehrt wird. Es erfordert Mut, Größe und emotionale Stärke. Eigentlich sind Männer, die dazu nicht fähig sind, äußerst schwach. Wer sich vor negativen Gefühlen schützt, fühlt auch die positiven Gefühle kaum. So bemitleidenswert das auch ist, hört mein Mitleid genau da auf, wo

Menschen die Grenzen anderer überschreiten und sie weiter traumatisieren, indem es nie ein Eingeständnis, nie eine Entschuldigung dafür gibt, dass sie Schaden angerichtet haben.

Menschen, die keinen Witz über sich selbst ertragen können und denken, dass sie allein alle Perspektiven kennen, weil sie sich selbst zur Norm erheben, sollten in dieser Welt nicht mit Macht belohnt werden. Denn sie behandeln das Leben so, als sei es immer ein Nullsummenspiel, als sei nie genug für alle da. So führt Macht, wie sie aktuell genutzt wird, zur Spaltung. Als müsste das Wohlbefinden einer Person immer zwangsläufig das Wohlbefinden einer anderen einschränken.

Ich möchte nicht negieren, dass es auf dieser Welt reale Kämpfe um überlebenswichtige Ressourcen gibt. Doch die Männer, von denen ich spreche, sind weit entfernt von solchen Kämpfen. Es ist, als wären sie besessen von diesem Fluch der Macht, vom Dominieren und dominiert werden. Wer dominiert, hat Angst, selbst dominiert zu werden. Aus psychologischer Sicht bedeutet das, dass sich vermutlich noch keine neurologischen Bahnen für ein alternatives Handlungsskript gebildet haben, mit dem diese Angst beiseitegeschoben werden kann. Ich wünschte, diese Männer könnten lernen, über sich selbst und ihre Angst hinauszuwachsen statt über andere Menschen hinweg. Sich neue Skripte anzueignen, zum Beispiel eines, das authentische Verbindung auf Augenhöhe miteinschließt, erfordert Mut und innere Arbeit.

Auch ich habe lange gedacht, dass ich dem Macht-Spiel hilflos ausgeliefert bin. Dass es immer so sein wird, dass »der Stärkere gewinnt«, dass Mitgefühl eine Schwäche ist und dass ich meine sanften Anteile von mir abschneiden muss, um gehört zu werden. So habe ich mich oft kleiner gemacht als nötig und das Verhalten der machtorientierten Fraktion damit aufrechterhalten. Weil ich diesen Menschen nichts entgegengesetzt und geschwiegen habe, als mein Inneres schreien wollte. Ich bin überzeugt davon, dass wir auch im Inneren lösen müssen, was gesamtgesellschaftlich schiefläuft. Damit Macht umgedacht werden kann. Macht muss nicht benutzt werden, um andere kleinzuhalten. Und sie muss auch nicht zur Spaltung führen. Sie kann vielmehr etwas sein, das wir gemeinsam mit anderen teilen, um besser zu werden, als wir es gestern noch waren. Die Forschung zeigt, dass ichzentriertes, unempathisches Platzhirschverhalten nicht für inhaltliche Qualität stehen muss und im Gegenteil sogar teuer für Unternehmen ist, weil es qualifizierte Mitarbeitende schädigt und vertreibt. Dieses Wissen sollte uns leiten. Weil wir alle Perspektiven brauchen und Empathie eine Stärke ist.

Ein teurer »Spaß«

»Du solltest mich so behandeln wie den Präsidenten der Vereinigten Staaten«, betont Maries Chef, Herr Weberson, gerne. Nachdem Marie (sie / ihr) eine Ausbildung zur Handelsfachwirtin gemacht hatte, studierte sie Psychologie und Wirtschaft. In ihrem Job als Assistant Director of Human Resources für ein weltweit führendes Modelabel möchte sie Berufserfahrung sammeln. Sie ist dabei ihrem Chef – dem Leiter der Personalabteilung – direkt unterstellt und arbeitet ihm zu. Dabei erledigt sie ganz selbstverständlich auch Dinge für ihn, die nicht Teil ihrer Stellenbeschreibung sind. Sie kocht ihm jeden Morgen einen Kaffee, regelt seine privaten Termine, macht private Erledigungen, holt Dinge aus seiner Wohnung oder seine Wäsche aus der Reinigung. Dass sie an beruflichen Events außerhalb der Arbeitszeit teilnimmt und diese auch organisiert, wird erwartet. Das alles kostet sie sehr viel Zeit und bedeutet Stress neben der eigentlichen Arbeit. Es gibt ihr aber auch das Gefühl, dass ihr Chef ihr vertraut, weshalb sie die Extraarbeit nicht so schlimm findet, auch wenn es sich manchmal komisch anfühlt, ein bisschen zu privat. Viel mehr als unter den zusätzlichen Aufgaben leidet sie aber unter seiner cholerischen und abwertenden Art. Mal ist er ganz euphorisch, wenn es um ihre Leistung geht, mal wertet er sie und ihre Person ohne Vorwarnung ab. Einmal sagt er vor einem anderen Fachbereichsleiter zu ihr: »Marie, Sie hatten aber auch schon Tage, an denen Sie besser angezogen waren.« Das ist Marie unangenehm, sie achtet immer sehr auf eine adrette Kleidung. Sie ist peinlich berührt und sprachlos. Sein Team stellt sich Herr Weberson selbst zusammen – es besteht nur aus Frauen. Die schreit er immer dann an, wenn etwas nicht so läuft, wie er es sich vorstellt, oder einfach, wenn er gestresst ist. Im nächsten Moment ist er der liebste und süßeste Chef, er schmeichelt seinen Angestellten, macht ihnen Komplimente. Oft bewertet Herr Weberson das Aussehen der Frauen, entweder positiv, oder er wertet sie ab, je nachdem, in welcher Stimmung er sich befindet. Was er da tut, scheint ihm bewusst zu sein. Er sagt immer wieder: »Meinetwegen haben schon viele Frauen geweint.« Marie weiß nie, in welcher Stimmung sie ihn antrifft. Egal, in welcher Stimmung er ist, er lässt es an ihr aus. Es fällt ihr schwer, professionell darauf zu reagieren. Gut in ihrem Job zu sein ist Marie schon immer sehr wichtig gewesen. Ihre vorherigen Anstellungen hat sie ohne Ausnahme im Guten verlassen, mit exzellenten Empfehlungsschreiben. Umso mehr leidet sie jetzt darunter, dass es keine erkennbaren Parameter gibt, wie sie ihren Job nun gut machen kann. Dass jemand so unvorhersehbar ihre Person und ihre Arbeit attackiert, sie ohne nachvollziehbaren Grund kritisiert, verletzt sie. Das Gefühl, dass sie nicht gut genug ist, macht sich in ihr breit. Sie bezieht das Verhalten ihres Chefs auf sich, zweifelt an ihrer Arbeit. Nach einigen Monaten in dem Job spricht sie täglich noch lange nach der Arbeit mit Familie und Freund:innen darüber, wie schlimm der Tag war. Dass sie Angst davor hat, zurückzugehen. Gleichzeitig fängt Herr Weberson sie mit seiner charmanten Art auch immer wieder ein, sodass sie sich an diesen Tagen fragt, ob das Ganze vielleicht doch nicht so schlimm sei. Zuckerbrot und Peitsche nennt Marie das Verhalten ihres Chefs heute. Nach gut anderthalb Jahren entscheidet sie sich schweren Herzens zu kündigen. Ganz ohne etwas Neues in Aussicht zu haben, weiß sie, sie muss weg. Psychisch geht es ihr immer schlechter. Sie verliert extrem an Gewicht. Ihr Umfeld macht sich Sorgen um sie.

Die Kündigung war die richtige Entscheidung, das weiß sie heute, nachdem sie Distanz zu ihrem ehemaligen Chef gewonnen hat und damit einen klareren Blick auf die eigene Geschichte. Marie weiß jetzt, dass sein Verhalten nicht an ihr lag, sondern er selbst die Ursache dafür ist. Immerhin hat sich nach ihrer Kündigung nichts daran geändert. Ihre Zeit in dem Unternehmen liegt jetzt über vier Jahre zurück, und seither hatte Herr Weberson fünf neue Assistentinnen, das erfährt Marie von anderen Mitarbeiter:innen, zu denen sie Kontakt hält. Keine der neuen Assistentinnen hält es länger als ein Jahr mit ihm aus. Alle sind normschöne Frauen, die auf der Suche nach beruflicher Weiterentwicklung sind und die von Herrn Webersons Verhalten und seiner cholerischen Art so abgeschreckt werden, dass sie diesen Karriereschritt frühzeitig beenden. Eine der Assistentinnen wird nach ihrer Zeit im Mutterschutz nicht weiter beschäftigt, Herr Weberson sagt, er sei persönlich enttäuscht von ihrer Schwangerschaft. Dass das illegal ist, ist klar, aber wer macht sich schon die Mühe, gegen ein so hohes Tier zu klagen?

Maries Geschichte zeigt, wie degradierend geschlechterbezogene Belästigung wirkt. Ihr Chef nähert sich ihr nie sexuell. Und trotzdem wird sie zu seiner Projektionsfläche. Er nutzt ihre Abhängigkeit aus – für seine persönlichen Ziele und Launen. Dass er nur Frauen einstellt und diese bewusst re-

gelmäßig zum Weinen bringt, hat System. Eine ähnliche Behandlung eines männlichen Kollegen wäre schwer vollstellbar. Ich gehe stark davon aus, dass ein männlicher Kollege spätestens die ersten Wutausbrüche vermutlich nicht auf sich selbst, sondern das Fehlverhalten des Chefs bezogen hätte. Komplimente und Abwertungen des Aussehens, Mitarbeiterinnen als emotionales Auffangbecken für die eigene Wut nutzen – es ist fraglich, ob sich Maries Chef ein solches Verhalten männlichen Kollegen gegenüber erlaubt hätte.

Wie bei geschlechterbezogener Belästigung üblich, ist es nicht so, dass Marie unter einem einzigen einschneidenden Erlebnis leidet. Vielmehr ist ihr gesamter Arbeitsalltag von dem degradierenden Verhalten ihres Chefs geprägt. Den eigentlichen Job auszuführen wird dadurch viel schwieriger. Marie leidet nicht nur psychisch immer stärker, sie orientiert sich auch nach eineinhalb Jahren beruflich um. Beides typische Folgen von Belästigung am Arbeitsplatz, das zeigt die Forschung konsistent. Damit hält Marie immer noch länger durch als jede Frau, die nach ihr eingestellt wird. Das Fehlverhalten einer einzelnen Person führt dazu, dass der Branche mehrere fähige Frauen abhandenkommen. Die Stelle als Herr Webersons Assistentin wird inzwischen nicht mehr öffentlich ausgeschrieben, so unangenehm ist es, dass er jedes Jahr mindestens eine neue Assistentin braucht. Damit wird unter den Teppich gekehrt, wie schnell die Frauen, die Herr Weberson einstellt, wieder gehen. Das Ganze ist trotzdem kein Geheimnis, einige Kollegen lästern bereits ganz offen: »Na, der Herr Weberson hat aber auch einen ganz schönen Verschleiß.« Und trotzdem denkt niemand darüber nach, ob es vielleicht Herr Webersons Stelle ist, die neu besetzt werden sollte. Er macht seinen Job ansonsten ja sehr gut, heißt es.

Ist das wirklich die klügste Entscheidung für das Unternehmen? Das ist nicht nur moralisch, sondern auch ökonomisch betrachtet fraglich. Denn Belästigung ist unglaublich teuer! Nehmen wir Herrn Weberson mit seinen ständig wechselnden Assistentinnen. Eine Neueinstellung allein kostet Arbeitgeber:innen zwischen 7500 und 200 000 Euro. Damit stellen Neueinstellungen eine der stärksten finanziellen Belastungen für Unternehmen dar. Das liegt daran, dass bei Stellen, die neu ausgeschrieben werden, in der Regel Ausfallkosten entstehen. Die sind zwar schwer messbar, aber unumstritten hoch. Es dauert im Schnitt drei Monate, eine Stelle neu zu besetzen, oft aber auch länger. Bei jeder Stelle, die neu ausgeschrieben wird, muss entschieden werden, ob die Stelle genauso wieder besetzt werden soll wie bisher oder ob sich etwas ändern soll, die Stelle muss also definiert werden. Dann müssen Menschen auf die Ausschreibungen reagieren und sich bewerben. Darauf folgt ein Interviewprozess, auch der kann sich in die Länge ziehen. Das alles frisst Zeit, Geld und Ressourcen. Hinzu kommt, dass eine Person, die neu eingestellt wird, nicht sofort produktiv ist. Die Einarbeitung kostet weitere Ressourcen, das dauert im Schnitt zwischen drei und sechs Monate. Deshalb ist es für Unternehmen ökonomisch betrachtet erstrebenswert, attraktiv für die eigenen Mitarbeiter:innen zu bleiben.

Damit, wie das funktioniert, beschäftigt sich das Retention Management. Gerade in Zeiten des Fachkräftemangels wird Retention Management, also die Bindung der Mitarbeitenden an ihre Arbeitgeber, immer wichtiger. Aber nicht nur die ständig anfallenden Neueinstellungen, die belästigendes Verhalten produziert, sind teuer. Denn wer von seinem Arbeitgeber nicht geschützt wird, identifiziert sich auch nicht mehr mit dem Ort, an dem die eigene Identität attackiert wird. Die Konsequenz ist, dass die Arbeitsmotivation bei Betroffenen von Belästigung am Arbeitsplatz sinkt, dass ihre Produktivität eingeschränkt wird und es vermehrt zu teuren Ausfällen kommt. Das alles ist belegt, die Zahlen zeichnen konsistent ein klares Muster.

Obwohl unumstritten hoch, variieren die genauen wirtschaftlichen Kosten von Belästigung am Arbeitsplatz sehr stark, da so vieles mit hineinspielt. Wie teuer das Ganze am Ende wird, ist eine Mischkalkulation aus den Kosten durch Produktionsverlust und Fehlzeiten, Kosten, die durch Krankheitsausfälle entstehen, Fluktuations- und Rekrutierungskosten, dadurch, dass sich Betroffene aus den Systemen entfernen, und eventuellen Kosten durch Rufschädigung und rechtliche Konsequenzen. Alles in allem ist nicht von der Hand zu weisen, was das Verhalten von Menschen wie Herrn Weberson für eine finanzielle Belastung für sein Unternehmen ist. Und trotzdem zweifelt selten jemand daran, ob eine Person wie er die beste Besetzung ist.

Das hat viele Gründe, eine ökonomisch kluge Entscheidung ist es aber ganz sicher nicht. Ich halte es auf vielen Ebenen für fragwürdig, Belästigende nicht zu sanktionieren. In den allermeisten Fällen lässt sich die Geschichte wie folgt zusammenfassen: Die belästigenden Männer bleiben, während Betroffene gehen, und das Ganze beginnt von vorne. Die dadurch entstehende Fluktuation ist teuer. Da es keine Lösung darstellen wird, einfach keine Frauen oder Menschen, die mit Geschlechterstereotypen brechen, mehr einzustellen, sollten Unternehmen Arbeitsplätze schaffen, an denen sich Menschen mit verschiedensten sozialen Identitäten wohlfühlen. Die Minimalanforderung ist eigentlich bloß: in Ruhe seinem Job nachgehen zu können. Nehmen wir noch mal Herrn Weberson: Lässt sich wirklich keine Person finden, die so großartige Arbeit leisten kann wie dieser Mensch? Ich bin mir sicher, dass es äußerst qualifizierte Personen gibt, die es neben ihrer inhaltlich wertvollen Arbeit noch schaffen, sich respektvoll ihren Angestellten gegenüber zu verhalten. So viel dürfen wir von einem Menschen in einer Führungsposition heute doch durchaus erwarten.

Mythos Belästigung

Mythen über sexualisierte Belästigung sind weit verbreitete Annahmen, die nachweislich falsch oder zumindest höchst unwahrscheinlich sind und wirken, indem sie Belästigung rechtfertigen oder relativieren. Aussagen, die das empfundene Leid von Betroffenen kleinreden, gibt es leider wie Sand am Meer. »Da hat sie wohl nicht genug aufgepasst«, »Er hat sie doch noch nicht mal angefasst« oder »Die macht das nur für den Fame« gehören zu meinen liebsten. Obwohl diese Mythen nachweislich falsch sind, wirken sie als stark vereinfachte kulturelle Standards und Vorstellungen darüber, was Belästigung vermeintlich ist. Als solche erfüllen sie eine soziale und kognitive Funktion und sind daher zunächst normal. Wer kulturellen Skripten folgt und vereinfachte Bilder reproduziert, zeigt damit, dass die kulturellen Regeln verstanden wurden, und sorgt so dafür, nicht als Außenseiter:in wahrgenommen zu werden. Vor allem in Situationen voller Ambiguitäten, also Situationen mit hoher gefühlter Widersprüchlichkeit, helfen uns solche kulturellen Regeln und Vorstellungen über Männer und Frauen, uns miteinander abzustimmen und Unsicherheit zu reduzieren. Deshalb ist das Thema Belästigung so anfällig für Mythen.

Für viele sind Belästigungssituationen voller Ambiguität. Aussagen wie »Wie, der? Aber der ist doch voll erfolgreich!«, »Wieso hat die denn nichts gemacht, wenn es doch so schlimm war?« oder »Der ist sonst voll der Liebe, das war bestimmt nur witzig gemeint« zeigen das. Das Problem mit diesen Wiederholungen von vereinfachten Vorstellungen ist, dass unser Gehirn auf vereinfachte Wiederholungen abfährt, ganz egal, ob es Lügen sind oder nicht. Wenn wir uns wieder und wieder dieselben Geschichte erzählen, nimmt mit jedem Mal die Leichtigkeit der Informationsverarbeitung zu (»Fluency-Effekt«). Unser Gehirn liebt das so sehr, dass sogar der wahrgenommene Wahrheitsgehalt einer Information steigt, je häufiger wir etwas hören (»Truth Effect«). Bis heute stimmen Menschen Mythen über sexualisierte Belästigung zu und schätzen sie als »wahr« ein, obwohl sie per Definition falsch oder zumindest extrem unwahrscheinlich sind. Die Forscherin Kimberly Lonsway hat mit ihren Kolleginnen im Jahr 2008 verschiedene Mythen über sexualisierte Belästigung kategorisiert, um daraus einen validen Fragebogen zu entwickeln.[34] Hier ein paar Aussagen, die sich an diesen Mythen orientieren:

Es kann nicht so schlimm gewesen sein, sonst hätte sie ja was unternommen!
Das eine muss mit dem anderen nichts zu tun haben. Zwar stimmt es, dass die erlebte Schwere der Belästigung vorhersagt, ob Betroffene etwas dagegen unternehmen. Der Umkehrschluss ist aber nicht, dass es nicht so schlimm gewesen sein kann, wenn man nichts macht. Dafür kann es unzählige gute Gründe geben. Betroffene schämen sich oft für das, was ihnen passiert ist, geben sich selbst die Schuld und wissen, dass Verfahren wegen Belästigung zumeist chancenlos sind. Sie haben Angst davor, dass man ihnen nicht glaubt. Zudem

befürchten sie, dass sie ihren Job verlieren könnten, und möchten es sich mit den Menschen an ihrem Arbeitsplatz nicht vermasseln.

Meistens übertreiben Frauen, die behaupten, belästigt worden zu sein.
Ganz im Gegenteil. Würden Frauen übertreiben, dann würden viel häufiger auch kleinere Fälle von Belästigung angezeigt werden. Dem ist aber nicht so. In der Regel muss extrem viel passieren, bis sich eine Person dazu entscheidet, etwas gegen missbräuchliches Verhalten zu unternehmen. Die meisten Betroffenen bagatellisieren das, was ihnen passiert, obwohl es sich negativ auf sie auswirkt. Die Forschung zeigt, dass nur zehn Prozent der Betroffenen von Belästigung diese überhaupt als solche anerkennen. Ob anerkannt oder nicht – Belästigung hat nachweislich schwerwiegende psychische und arbeitsbezogene Konsequenzen.

Wenn es so schlimm gewesen wäre, würde sie ja nicht mehr da arbeiten!
Es gibt unzählige Gründe dafür, dass Betroffene trotz der Umstände im Job bleiben. Finanzielle Sicherheit kann ein Grund sein oder ein starker Gerechtigkeitssinn und der damit verbundene Wunsch, nicht nachgeben zu wollen.

Er hat sie ja noch nicht mal angefasst!
Die allermeisten Fälle von sexualisierter Belästigung sind verbal. Das ändert nichts daran, dass sie schädlich sind.

Das hat er bestimmt nicht so gemeint, er war betrunken.
Das macht für die Person, die belästigt wurde, keinen Unterschied. Wir sollten alle die Konsequenzen für unser Verhal-

ten tragen. Alkohol zu trinken ist ein Katalysator für Übergriffigkeiten.[35] Männer, die zu sexualisierter Übergriffigkeit neigen, haben oft Probleme damit, die eigenen Emotionen gesund zu regulieren – vor allem die eigene Wut, Schuld und Scham. Alkohol ist ein Versuch, mit diesen Emotionen umzugehen, der das Problem jedoch verschlimmert. Deshalb ist es so wichtig, dass diese Männer lernen, gesunde Ventile für ihre Gefühle zu finden und die Verantwortung für sich selbst und ihr Verhalten zu übernehmen. Dass das Umfeld ihnen diese Verantwortung zurückgibt, selbst wenn sie sie selbst nicht übernehmen wollen, ist ein unvermeidlicher Schritt. Andernfalls wird das Schuldpaket wieder einmal falsch zugestellt – nämlich bei den Betroffenen, die unter den ungesunden Strategien der Belästigenden leiden.

Sie war betrunken, hätte sie halt besser aufpassen müssen!
Spannend, dass wir dasselbe Argument verwenden, um ihn zu entlasten und ihr die Schuld zuzuschreiben, oder?

Wer belästigt wird, hat das vermutlich provoziert.
Aussagen dieser Art verschieben die Schuldfrage und konnten bisher nicht belegt werden. Generell lassen sich keine Zusammenhänge zwischen den üblicherweise genannten Opfermerkmalen (etwa Kleidungsstil) und der Wahrscheinlichkeit, belästigt zu werden, finden. Aussagen, die solche vermeintlichen Zusammenhänge herstellen, werden unter dem Begriff *Victim Blaming* zusammengefasst. Es geht hierbei darum, dem Opfer die Verantwortung für die Belästigung zuzuschreiben. Das passiert bei sexualisierter Gewalt besonders stark im Vergleich zu anderen Delikten.

Anklagen wegen sexualisierter Belästigung werden oft leichtfertig getätigt.
Ganz im Gegenteil. Die meisten Betroffenen sprechen nie über ihr Erlebtes und gehen nicht dagegen vor, erkennen die Belästigung oft sogar nicht als solche an und leiden trotzdem. Wer doch etwas unternimmt, macht das in der Regel aus einem sehr starken Leidensdruck heraus. Verfahren gegen Belästigung sind kräftezehrend, können einen den Job kosten und mitunter sogar teuer werden. Es ist unwahrscheinlich, dass sich jemand ohne triftigen Grund in eine solche Situation begibt.

Wer Wochen oder sogar Monate wartet, um Belästigung zu melden, erfindet die nur!
Es ist aus psychologischer Sicht normal, dass Betroffene eine gewisse Zeit brauchen, um ihr Erlebtes einzuordnen. Manchmal haben sie dann erst nach Jahren den Mut und die Unabhängigkeit, etwas zu unternehmen. Das hat aber weniger mit ihrer Glaubwürdigkeit zu tun als damit, dass sie viel riskieren, wenn sie ihre Stimme erheben.

Manchmal erfinden Frauen Anschuldigungen wegen sexualisierter Belästigung, um Geld von ihrem Arbeitgeber zu erpressen.
Die Aussichten auf finanzielle Entschädigung sind so gering, dass das ein sehr unwahrscheinliches Szenario ist. Theoretisch haben Arbeitnehmer:innen das Recht, ihre Arbeitgeber zu verklagen, wenn diese ihrer Pflicht nicht nachkommen, ein sicheres Arbeitsumfeld zu schaffen. Das passiert aber faktisch so selten, dass noch nicht einmal wirklich Statistiken darüber geführt werden. Ich habe für dieses Buch mit mehreren Anwältinnen gesprochen, die sich in dem Bereich

spezialisiert haben. Keine konnte mir auf Anhieb Fälle nennen, in denen Betroffene erfolgreich ihre Arbeitgeber verklagt haben. Wenn jemand gegen Arbeitgeber klagt, dann sind das in der Regel die Beschuldigten, die sich ungerecht behandelt fühlen, wenn sich jemand über sie beschwert.

Frauen, die bei einer Affäre mit ihrem Vorgesetzten erwischt werden, behaupten manchmal, es sei Belästigung gewesen.
Eine Affäre mit dem Vorgesetzten ist nicht illegal für Arbeitnehmerinnen. Es gibt also wenige Gründe dafür, eine Anschuldigung zu erfinden, zumal die dadurch losgetretenen Prozesse extrem kräftezehrend sind.

Fast alle Fälle sexualisierter Belästigung würden enden, würde sie einfach deutlich *Nein sagen.*
Diese Aussage ist nicht haltbar, denn die Realität ist komplizierter. Ein klares Nein ist selbstverständlich gut, hat aber nicht immer den erwünschten Effekt. Die Aussage suggeriert, dass Betroffene die Macht hätten, Belästigung einfach zu stoppen. In manchen Fällen kann Zurückweisung aber auch weitere Belästigung provozieren und die Situation sogar noch verschlimmern. Ein Nein wird häufig überhört, nicht ernst genommen, belächelt oder als Provokation verstanden.

Sie will doch nur seine Karriere ruinieren!
Konsequenzen für Belästiger sind immer noch gering. Generell werden weniger als ein Prozent der Täter:innen von sexualisierter Gewalt verurteilt. Es stimmt aber natürlich, dass Anschuldigungen für potenzielle Täter:innen emotional sehr belastend sein können. Durch die Unschuldsvermutung sind sie jedoch, zumindest juristisch, sehr gut geschützt. Die

meisten Institutionen orientieren sich bei den Maßnahmen, die sie gegen Belästigung ergreifen, an der strafrechtlichen Definition. Die Straftatbestände werden wegen mangelnder Beweislast selten erfüllt, und es wird »im Zweifel für den Angeklagten« entschieden. Deshalb hat Belästigung in den wenigsten Fällen juristische oder jobbezogene Konsequenzen für Belästiger. Die Konsequenzen für die Karrieren der Betroffenen sind im Gegenteil oft sehr hoch. In den seltensten Fällen können sie nach einer Beschwerde ohne Weiteres in ihrem Job bleiben.

Sie will sich doch nur hochschlafen!
Oder er nutzt seine Machtposition aus, indem es Vorteile für sexuelle Gefälligkeiten gibt? Auch bei dieser Aussage sollten wir uns fragen, wer Macht hat und damit Verantwortung trägt.

Das passiert doch nur total selten!
Diese Aussage ist ein Mythos, wie Studien über die Prävalenz von Belästigung zeigen.

Ungefähr 60 Prozent der Frauen, queeren Männer und non-binären Personen geben an, während der letzten acht bis zwölf Monate zumindest eine belästigende Verhaltensweise am Arbeitsplatz erlebt zu haben.

Die meisten Frauen genießen es insgeheim, wenn sie auf der Arbeit angemacht werden.
Bei Belästigung geht es per Definition um unerwünschte Verhaltensweisen, die Aussage ist also nicht haltbar.

Es ist unvermeidlich, dass Männer Frauen bei der Arbeit anmachen.
Diese Aussage suggeriert, dass Männer triebgesteuerte Affen sind, die nicht anders können, als sich grenzüberschreitend zu verhalten. Studien zeigen, dass der Kontext bestimmt, ob es zu Belästigung kommt oder nicht. Wäre Belästigung für Männer unvermeidbar biologisch bestimmt, sollte der Kontext egal sein, sie *müssten* dann ja kontextunabhängig so handeln. Solche Aussagen werden Männern nicht gerecht und sind eine Beleidigung für alle Männer, die sich nicht so verhalten.

Damit hätte sie aber auch rechnen müssen!
Betroffene hören ständig, dass sie mit übergriffigem Verhalten hätten rechnen müssen, wenn sie zum Beispiel mit dem Chef oder Kollegen privat essen gehen. Als müsste man in ständiger Lauerstimmung vor Männern sein und überall damit rechnen, dass Männer potenziell gefährlich werden. Das steht im heftigen Kontrast dazu, dass Frauen gleichzeitig immer wieder gesagt wird, dass sie nicht alle Männer unter Generalverdacht stellen sollen, dass das Flirten und die Leichtigkeit verloren gehen, wenn sie überall Gefahr wittern. Wir verlangen also einerseits von Frauen, mit Leichtigkeit und Vertrauen durchs Leben zu gehen – wenn dann aber was passiert, sind sie selbst schuld, dass sie so blöd waren und es nicht haben kommen sehen. Demnach erwarten wir, dass Frauen innerhalb von kürzester Zeit akkurat einschätzen sollen, ob jemand gefährlich sein kann oder nicht. Das ist unmöglich, nicht einmal Psycholog:innen, die die Rückfallwahrscheinlichkeit von Straftätern begutachten, können mit Sicherheit vorhersagen, wer sich zukünftig übergriffig verhalten wird. Und diese Menschen haben jahrelang mensch-

liches Verhalten studiert. Sie haben Erfahrung mit Straftätern und begutachten potenzielle Rückfalltäter stundenlang anhand von vielen Testes. Wir verlangen von Betroffenen eine genauere Akkuratheit ihrer Einschätzung als von diesen Psycholog:innen, um nicht selbst schuld zu sein.

Das war doch nur ein unschuldiger Flirt, warum stellt die sich denn auch so an!
Das Problem ist nicht, dass sich jemand anstellt, sondern vielmehr, dass Belästigung degradierend wirken kann und Energie kostet, die nicht belästigte Personen in ihre Arbeit stecken können. Die Belästigung behindert damit Karrieremöglichkeiten, mal ganz abgesehen von der emotionalen und psychischen Belastung.

Mit solchen Mythen allein könnte man ein ganzes Buch füllen. Aussagen dieser Art suggerieren auf die eine oder andere Weise, dass Betroffene von Belästigung selbst schuld sind, sie sich nicht so anstellen sollen oder dass sie egoistische Ziele verfolgen. Damit degradieren sie nicht nur Betroffene, sondern sorgen auch dafür, dass deren Perspektiven verschwinden. Denn gegen derartige Annahmen anzukämpfen ist vielen einfach zu kräftezehrend. Wenn Verantwortliche nicht darüber aufgeklärt sind, dass diese und ähnliche Annahmen falsch oder zumindest sehr unwahrscheinlich sind, führt das dazu, dass Betroffene zum ursprünglichen Leid der Belästigung selbst ein zweites Mal Schaden nehmen. Ein Phänomen, das die Forschung »sekundäre Viktimisierung« nennt.

Meine Kollegin Dr. Victoria Striewe und ich haben für *#metooscience* Green und Red Flags beim Sprechen über Erfahrungen mit sexualisierter Gewalt und Machtmissbrauch gesammelt. Du hast Erfahrungen mit Belästigung gesammelt und möchtest darüber sprechen? Überprüfe unbedingt anschließend, ob die Menschen, mit denen du gesprochen hast, so mit dir umgegangen sind, wie du es verdient hast. Die folgende Auflistung kann dir dabei helfen.

Green Flags	Red Flags
▪ dir wird geglaubt, und du fühlst dich verstanden ▪ du wirst ernst genommen ▪ es wird dir angeboten, dich zu begleiten ▪ das Thema Geschlechtergerechtigkeit wird ernst genommen ▪ die Person, mit der du sprichst, ist informiert und weiß, was zu tun ist ▪ dir wird weitere Hilfe angeboten ▪ nach dem Kontakt fühlst du dich sicherer	▪ dir wird nicht geglaubt ▪ deine Wahrnehmung wird infrage gestellt ▪ du wirst abgeblockt ▪ die Person gibt dir das Gefühl, dass du übertreibst ▪ die belästigende Person wird in Schutz genommen ▪ du wirst gedrängt, nichts zu tun ▪ du sollst mit niemandem sprechen ▪ nach dem Kontakt spürst du Scham

Wie schädlich diese Mythen sind, wird noch deutlicher, wenn wir uns vor Augen führen, dass sie nicht nur unsere individuelle Wahrnehmung des Phänomens Belästigung infiltrieren, sondern auch ganze Beschwerdeverfahren bis heute nach ihren Prinzipien gestaltet werden. Weil Menschen an Beschwerdestellen viel zu häufig ihrer Arbeit nicht nachkommen, sich hinreichend zu informieren, und Menschen in Machtpositionen oft den »So was gibt es bei uns nicht«-Mythos propagieren. Leider hat sich da, seit Belästigung das erste Mal vor Gericht verhandelt wurde, viel zu wenig getan.

Ich treffe mich mit Annelie Runge. Sie war Klägerin im ersten Fall von sexueller Belästigung am Arbeitsplatz, der in Deutschland im Jahr 1977 vor Gericht ging. Inzwischen ist das alles viele Jahre her, Annelie ist 81 Jahre alt, Autorin und Filmemacherin. Und trotzdem: Das Erlebte und alles, was dadurch losgetreten wurde, prägt sie bis heute. In ihrem Buch *Die Liebesforscherin* erzählt und verarbeitet sie ihre Ambivalenz zu dieser Zeit.

Franziska: Annelie, wir beginnen ganz vorne. Was ist damals passiert?

Annelie: Ich war Pressereferentin in einem Verband. Mein Chef wurde zunehmend unangenehm. Er hat mir immer wieder gesagt, ich habe eine so schöne, dunkle, erotische Stimme. Ob ich nicht mit ihm in seine Privaträume gehen wolle. Seine Frau sei gerade nicht in der Stadt und damit einverstanden. Sie habe ohnehin keine Lust mehr auf ihn. Ich habe ganz deutlich Nein zu seinen Annäherungsversuchen gesagt.

Franziska: Hat Ihr Nein etwas gebracht?

Annelie: Ganz im Gegenteil, er hörte überhaupt nicht. Irgendwann habe ich ihm gesagt, ich könne gerne mit ihm über seine sexuellen Nöte reden, aber dann muss ich das beim nächsten Vorstandstreffen ansprechen, da ich hier nicht zu der Arbeit komme, für die ich angestellt bin. Daraufhin hat er erst mal aufgehört. Irgendwann kam raus, dass er mit der Chefsekretärin, mit der Sachbearbeiterin und anderen Frauen dasselbe machte. Ich dachte mir, dass wir da doch etwas machen müssen, aber die anderen Frauen wollten natürlich ihren Job nicht verlieren. Wir wussten, dass, wenn wir etwas sagen würden, wir wegen mangelnder Qualifikation entlassen werden würden. Denn wir hatten im Arbeitsamt recherchiert und herausgefunden, dass viele Frauen vor uns schon nach kurzer Zeit im Verband entlassen wurden. Der Grund dafür: »mangelnde Qualifikationen«.

Franziska: Damit war das Ganze aber ja sogar aktenkundig. Was haben Sie dann gemacht?

Annelie: Ich habe noch mal mit meinem Chef gesprochen und gesagt, dass ich zum Vorstand gehe, wenn er nicht auf der Stelle aufhört, Frauen zu belästigen. Mein Chef war sich aber so sicher, dass ihm niemand etwas kann, dass er überhaupt nicht daran dachte, mit seinem Verhalten aufzuhören. Deshalb habe ich sein Verhalten in der nächsten Vorstandssitzung angesprochen. Mir schaudert es bis heute, wenn ich an den Moment denke, in dem ich alles vorgelesen habe, was wir bis dahin gesammelt hatten. Das müssen Sie sich mal vorstellen! Ich saß da alleine mit ihm und anderen Männern, die mich alle skeptisch anschauten. Ich war damals so stark. Was da passierte, war eine derartige Belastung – für mich und alle Frauen, mit denen ich arbeitete. Ich fühlte mich in meiner Arbeit und meiner ganzen Persönlichkeit angegriffen.

Franziska: Hat der Verband etwas unternommen? Immerhin waren es ja mehrere Frauen mit ähnlichen Vorwürfen. Und Sie hatten die Daten aus dem Arbeitsamt.

Annelie: Das haben die ignoriert. Als der Vorstand hörte, dass er mich nicht angefasst hatte, machten die Männer sofort zu. Mein Chef sagte vor allen zu mir: »Es tut mir leid, Sie enttäuschen zu müssen, aber ich hatte wirklich kein Interesse an Ihnen.« Ich habe daraufhin zu ihm gesagt: »Es braucht Ihnen nicht leidzutun, ich hatte ja auch kein Interesse an Ihnen.« Das wiederum fanden diese Männer schrecklich. Dass ich es wagte, zu sagen, dass ich auch kein Interesse an ihm hatte. Ich kann diesen Moment bis heute in meinem

Körper spüren, und das ist jetzt so viele Jahre her. Diese Ungerechtigkeit! Wie ich gespürt habe, dass sie alles einfach umdrehen. Sie haben mir gesagt, ich sei viel zu sensibel. Sie müssten jetzt darüber tagen. Dann haben sie entschieden, dass ich alles missverstanden habe und mein Chef mit seinem Verhalten nur ein gutes Arbeitsklima schaffen wollte. Und trotzdem: Das alles belastet mich bis heute. Wie ich da vor allen entwürdigt wurde. Und man bekommt noch nicht mal eine Rechtsprechung dafür.

Franziska: Bis heute ist so ein Umgang leider typisch. Die Entwürdigung dadurch, dass das Erleben aberkannt und die Wahrheit umgedreht wird, ist für die meisten Betroffenen mindestens genauso schlimm wie die Belästigung selbst. Wie ging es in Ihrem Fall weiter?

Annelie: Als ich begriff, was sie da sagten, habe ich ihnen klar gemacht, dass ich an die Öffentlichkeit gehen würde. Der Vorsitzende hat mich dann noch gewarnt, das hätte natürlich Konsequenzen. Ich habe dann einen großen Artikel über die ganze Sache in der *Frankfurter Rundschau* veröffentlicht und noch am selben Tag die fristlose Kündigung erhalten. Mein Chef wurde versetzt, er durfte also weiter für den Verband arbeiten. Gegen meine eigene Kündigung habe ich geklagt.

Franziska: Was ist vor Gericht passiert?

Annelie: Das war 1977. Der Richter hat gedacht, ich sei nicht ganz dicht. Auch vor Gericht haben die mir gesagt, ich sei übersensibel, hysterisch. Dass ich nicht verheiratet, sondern mit 34 Jahren immer noch ledig und kinderlos war, war auch ein Problem. Ich galt dann direkt als lesbisch. Nicht mal mein eigener Anwalt, der mir von der Gewerkschaft gestellt wurde, hat mich verstanden. Wahrscheinlich wollte keiner von denen den Fall übernehmen und es musste dieser arme junge Mann dran glauben. Der stand an dem Tag vermutlich das erste Mal vor Gericht. Verbale Attacken ohne Handgreiflichkeit – das war das größte Problem vor Gericht. Als der Richter hörte, dass mein Chef mich nicht vergewaltigt hatte und mir auch nicht an die Brüste oder den Hintern gefasst hatte, hielt er mich für verrückt. Irgendwann sagte der Richter: »Die Klägerin braucht eine Pause. Sie soll über den Vergleich nachdenken.« Alle rieten mir, den Vergleich anzunehmen, damit ich wenigstens etwas Geld bekomme. Weil der Richter eh schon dachte, ich bin verrückt, und der Anwalt überhaupt nicht verstand, was da abging, habe ich das dann auch gemacht. Sechs Monatsgehälter standen mir zu. Das macht natürlich nichts wieder gut, aber dadurch hatte ich zumindest Zeit, mir zu überlegen, was ich jetzt mache. Sie müssen sich vorstellen, das war immerhin das allererste Mal, dass so etwas in Deutschland vor Gericht ging.

Franziska: Wie hat die Presse auf Ihren Fall reagiert?

Annelie: Es gab einen Artikel über mich in der *Frankfurter Rundschau* und einen kleinen Artikel in der *Emma*. Zum Gericht wurde eine Reporterin vom *Stern* eingeladen. Die hat damals noch andere Frauen interviewt, die während der Arbeit belästigt wurden. Obwohl ich dafür gesorgt hatte, dass meine Adresse nirgendwo auftaucht, hat diese Reporterin vom *Stern* im Artikel die Stadt veröffentlicht, und dadurch konnten Leute meine Adresse und meine Telefonnummer herausfinden. Daraufhin riefen mich monatelang Tausende Männer an. Sie wollten mich vergewaltigen, haben gesagt, dass sie vor meiner Haustüre stünden, sie haben mir Gewalt angedroht. »Ich onaniere vor deinem Bild« war mit das Schlimmste, denn solch ekelhafte Gedanken wird man so schnell nicht wieder los.

Franziska: Haben Sie sich gegen diese Männer wehren können?

Annelie: Die Polizei war hilfreich. Die haben mir angeboten, eine Fangschaltung zu machen, und mir geraten, dass ich mich mit einer Trillerpfeife wehre. Sobald jemand Sachen sagte wie »Ich stehe vor deiner Tür«, habe ich laut ins Telefon getrillert. Das war die beste Idee. Das Geräusch war so unangenehm, dass das ganz gut funktioniert hat. Heute weiß ich, dass ich viel erreicht habe. Und das, obwohl mir alle davon abgeraten haben, mich zu wehren. Selbst meine Freundinnen haben damals gesagt, mach das bloß nicht! Das wird dir als Journalistin schaden. Ich habe auch mit einem befreundeten Psychiater darüber gesprochen, der mir erklärt hat, dass sexuell missbrauchte Frauen besser nicht über den Missbrauch reden. Denn sie werden mit der anschließenden Scham nicht umgehen können. Daraufhin habe ich geantwortet: Müsste nicht der Täter Scham empfinden? Auf diese Idee war er noch nicht gekommen.

Franziska: Und hat das alles Ihrer Karriere geschadet?

Annelie: Überhaupt nicht. Ganz im Gegenteil. Aber es hat mich trotzdem fertiggemacht. Und wenn ich weniger stark gewesen wäre, hätte das schon meine Karriere zerstören können.

Franziska: Was glauben Sie: Warum sind Männer, was das Thema der geschlechterbezogenen Gewalt betrifft, so defensiv?

Annelie: Ich denke mir, dass sie einfach ihr Geschlecht schützen wollen. Und so entstehen Netzwerke, die sich gegenseitig schützen. Es ist ein reines Machtspiel, jemanden zu unterwerfen. Aber es gibt ja Gott sei Dank viele Männer, die nicht so sind. Meiner Meinung nach sind das nur noch lange nicht genug, vor allem in diesen Hierarchien.

Franziska: Haben Sie das Gefühl, dass sich das verändert hat, seit Sie dieses erste Verfahren gegen Belästigung geführt haben?

Annelie: Mal so, mal so. Es gab ja schon immer Widerstände von Frauen. Wie beim sogenannten Busenattentat auf den berühmten Philosoph Theodor W. Adorno zum Beispiel. Der hat den Frauen bei seinen Vorlesungen immer in den Ausschnitt geguckt, anzügliche Kommentare gemacht, sie zu sich nach Hause eingeladen. Irgendwann war es den Studentinnen genug. Sie solidarisierten sich und tanzten mitten in der Vorlesung mit nacktem Oberkörper um ihn herum. Das war in den 1970er-Jahren. In den 1980ern ist die Debatte aber erst mal wieder eingeschlafen. Seit der MeToo-Bewegung habe ich wieder Hoffnung. Das ist für mich das Glück schlechthin. Und trotzdem: Ein Mann, der sagt, dass er junge Frauen gegen ihren Willen an die »Pussy« fasst, wird danach trotzdem noch Präsident der Vereinigten Staaten. Jetzt vielleicht sogar zum zweiten Mal. Gleichzeitig passieren Sachen, die vor ein paar Jahren noch nicht möglich gewesen wären. Je mehr die MeToo-Bewegung macht, desto mehr Hoffnung bekomme ich. Als Weinstein ins Gefängnis kam, habe ich mitgezittert. Das war toll.

Franziska: Wie ging es mit Ihnen persönlich nach Ihrem Verfahren weiter?

Annelie: Seitdem arbeite ich nur noch freiberuflich und schreibe Drehbücher und mache Filme. Meine eigene Chefin zu sein war das Richtige für mich.

Franziska: Solidarisierung ist nicht selbstverständlich, auch nicht unter Frauen. Meiner Meinung nach ist sie trotzdem das wichtigste Gegengift bei geschlechterbezogener Gewalt.

Annelie: Ja, schon, aber ich finde Männer sind bei der Bewegung mindestens genauso wichtig. Gewalt an Frauen ist kein Frauenproblem, das ist ein Männerproblem! Die sind es, die auf die Straße müssen. Sich mit der eigenen Gewaltbereitschaft auseinandersetzen und laut sein. Selbst wenn sie selbst nicht gewalttätig sind, müssen sie ihre Geschlechtsgenossen zur Verantwortung ziehen. Das fängt schon bei »Witzen« an. Schon da müssen sie sagen, das geht so nicht. Denn obwohl manche Männer langsam anfangen, sich mit dem Thema auseinanderzusetzen, ist das bei Weitem noch nicht genug.

Franziska: Ja, Schuldgefühle sind kollektiv schief verteilte Gefühle. Es gibt viele Studien, die zeigen, dass sich Männer deutlich seltener schuldig fühlen als Frauen. Geschlechterbezogene Gewalt ist meiner Meinung nach das Spiegelbild dieser ungleich verteilten Gefühle. Was glauben Sie, warum ist das so?

Annelie: Ich glaube, es geht bei sexueller Gewalt darum, dass du dich als Frau hilflos fühlen sollst. Das ganze Frausein wird dir dabei vorgeführt. Männer wollen sich größer fühlen und sich nicht schämen müssen und wälzen das lieber auf Frauen ab. Und ich bin so müde, mich an diesem Thema abzuarbeiten. Eine Freundin wollte neulich mit mir gegen Vergewaltigungen demonstrieren gehen. Aber ich gehe da nicht mehr mit. Bringen Sie mir 10 000 Männer, dann überlege ich mir das. Ich finde, das sollte Ihr Buch bewirken. Alle Menschen sollten Ihr Buch ihren männlichen Verwandten und Kollegen schenken und sie mobilisieren. Das Buch ist ein großartiges Geschenk für die, denn sie werden ja aufgeklärt und lernen, dass sie Scham fühlen dürfen.

Franziska: Heißt das, wenn ich 10 000 Männer finde, die mit uns gegen Gewalt an Frauen demonstrieren, dann kommen Sie mit?

Annelie: Ja. Aber schreiben Sie lieber 100 000.

Das Gespräch mit Annelie erfüllt mich mit Dankbarkeit. Dafür, dass sie damals ihre Stimme erhoben und dadurch den Weg für uns alle – und damit auch für mich – geebnet hat, etwas gegen die Ungerechtigkeit der geschlechterbezogenen Gewalt zu unternehmen. Dafür, dass sie bei all dem Gegenwind unbeirrt auf ihr Recht bestanden und dafür gekämpft hat, dass ihre Perspektive hörenswert ist. Ich wünsche mir, dass wir Annelie in Zukunft zeigen können, dass sie diesen Kampf nie alleine gefochten hat.

Wer wird zum Belästiger?

»Aber der ist doch Herausgeber in einem der höchsten wissenschaftlichen Journale der Welt«, sagte ein renommierter Professor ungläubig zu meiner Kollegin, als diese ihm bestätigte, dass der Mann, über den sich andere Frauen beschwert hatten, auch ihr gegenüber Grenzen überschritten hatte. Ungläubig darüber, dass jemand, der Teil des eigenen Kollegiums war, so etwas gemacht haben sollte. Selbst als meine Kollegin ihm das aus erster Hand bestätigte.

Auch bei Vergewaltigung glauben viele immer noch: Täter sind böse Männer, die sich hinter Büschen verstecken, Frauen knebeln und ihnen dann Gewalt antun. Aussätzige der Gesellschaft, psychisch Kranke, die Abweichung von der Norm. Als sexualisierte Belästigung zum ersten Mal das öffentliche Bewusstsein als soziales Problem erreichte, schienen viele so zu denken. Und auch heute halten sich weiterhin Vorstellungen davon, dass es sich bei derartigen Taten um eine Abweichung handelt und dass sie von Einzelpersonen begangen werden, die unter psychischen Problemen leiden. Zahlen über die Prävalenzen von sexualisierter Gewalt sprechen da allerdings eine andere Sprache. Mindestens 60 Prozent der Frauen und non-binären Personen haben in den letzten acht bis zwölf Monaten eine Form von Belästigung am Arbeitsplatz erlebt. Trotzdem sagen weniger als ein Prozent der Männer, dass sie sich schon mal übergriffig verhalten haben.[36] Wie kann das sein?

Wir scheinen nicht glauben zu wollen, dass Täter Teil von »uns« sind. Oder dass wir selbst uns in der Vergangenheit womöglich schon mal übergriffig verhalten haben. Die psychologische Forschung hat sich schon lange zur Aufgabe gemacht, Tätermerkmale zu untersuchen. Dabei hat man sich erst mal auf leicht erkennbare demografische Merkmale konzentriert. Beispielweise wurde die Idee untersucht, dass nur bestimmte »Klassen« von Männern belästigen: Ungebildete Arbeiter, die als »rau« oder »ungehobelt« gelten. Es sollte sich herausstellen, dass es sich bei dieser Annahme um einen Mythos handelt, denn die meisten Studien finden keinen Zusammenhang zwischen sozioökonomischem Status und der Neigung einer Person, zu belästigen. Manche Studien zeigen im Gegenteil, dass Menschen mit höherem Status eher zu Belästigung neigen als Menschen mit niedrigerem Status. Obwohl Forscher:innen versucht haben, ein leicht erkennbares Muster demografischer Merkmale zu finden, die typische Belästiger:innen kennzeichnen, sind solche Versuche nur begrenzt erfolgreich gewesen. Das einzig leicht erkennbare Merkmal, das immer wieder auftaucht, ist das des männlichen Geschlechts. Darum ging es schon im Kapitel »Geschlecht und Belästigung«. Also Männer belästigen häufiger als Frauen – aber davon mal abgesehen, ist die Neigung, zu belästigen, eher auf andere, nicht so leicht erkennbare Dinge zurückzuführen. Dabei handelt es sich vor allem um Einstellungen und Charakterzüge.[23,37]

Eine solche Einstellung ist die Neigung zum feindseligen Sexismus. Menschen, die feindselig sexistisch eingestellt sind, stimmen zum Beispiel der Aussage eher zu, dass Frauen danach streben würden, Macht zu erringen, indem sie die Kontrolle über Männer erlangen. Oder dass Frauen übertreiben, wenn sie sagen, dass sie Probleme bei der Arbeit haben. Wer solchen Aussagen zustimmt und Vorstellungen von »angemessenen« Rollen für Männer und Frauen hat, belästigt eher als Menschen, die solche Aussagen und Rollenbilder ablehnen. Außerdem zeigt die Forschung, dass Menschen, denen Ehrlichkeit nicht so wichtig ist, eher belästigen, und dass Menschen, die zu Belästigung neigen, ein geringes Empathievermögen haben, sich von Macht angezogen fühlen und Autoritäten und Hierarchien schätzen. Nicht selten geht das mit narzisstischen Charakterzügen einher.[23,38] All diese Einstellungen und Charakterzüge weisen ein Spektrum auf, auf dem sich jede:r irgendwo wiederfindet. Menschen, die belästigen, sind also nicht »die anderen«.

Was macht diese Erkenntnis für einen Unterschied? Zunächst einmal wird das Thema dadurch komplexer, als es vielen lieb ist. Denn in Wahrheit sind Menschen nicht einfach gut oder böse. Wir alle haben Einstellungen, Werte, soziale Prägungen und seelische Verletzungen, die Verhalten normalisieren oder rechtfertigen, das anderen schadet. Wir sind zum Beispiel alle damit aufgewachsen, dass es normal ist, Frauenkörper zu bewerten und zu kommentieren. Ich habe das lange selbst gemacht, ohne darüber nachzudenken. Aber mal ehrlich: Wenn das wirklich okay wäre, würden sich alle Beteiligten dabei gut fühlen, und dem ist nicht so. Es gibt Forschung, die zeigt, wie ständiges Kommentieren des eigenen Körpers – vor allem in der Kindheit – langfristig zu psychischen Problemen und einem negativen Körperbild führt. Denn Frauen, die dem Verhalten deutlich mehr ausgesetzt sind als Männer, lernen dadurch, dass ihr Körper nicht ihnen gehört und dass er bestimmten Standards entsprechen muss, um akzeptiert zu werden. Das Schlimme daran? Die meisten Menschen, die Frauenkörper kommentieren, wissen nicht mal, welche Folgen ihr Verhalten hat.

Wie kann es aber sein, dass Menschen, die »gut« sind oder zumindest auch Gutes tun, andere belästigen? Um das zu verdeutlichen, muss ich drei Prinzipien erklären, die hinter menschlicher Gewalt stecken. Sie ermöglichen es Personen, sich gewaltvoll zu verhalten, ohne dabei ein schlechtes Gewissen zu haben. Denn wer anderen schadet, muss das irgendwie rechtfertigen, vor allem vor sich selbst.

Die erste Möglichkeit ist, sich selbst zum Opfer zu machen. Das eigene Leid kann als Rechtfertigung dafür dienen, anderen zu schaden und keine Empathie mehr für sie zu empfinden. Liannes Chef aus dem Kapitel »Geschlecht und Belästigung« ist ein sehr gutes Beispiel dafür, wie sich Täter selbst zum Opfer machen, um nicht die Konsequenzen für das eigene Verhalten tragen zu müssen. Immer dann, wenn sie ihm sein übergriffiges Verhalten spiegelt, geht er in eine Opferhaltung. Er sagt, er könne einfach nicht ertragen, dass sie seine Liebe nicht erwidert, und sie könne sich nicht distanzieren, weil seine Firma ohne sie zugrunde gehen würde. Das bringt Lianne immer wieder in die Position, Mitleid mit ihm zu empfinden. So rückt sie von ihren ursprünglichen Forderungen und Vorhaben ab, und er muss keine Verantwortung für sein Verhalten übernehmen. Was Liannes Chef macht, nennt man Täter-Opfer-Umkehr. Das Prinzip dahinter: Täter:innen machen sich selbst zum Opfer und geben der belästigten Person die Schuld für das, was passiert ist. Bei sexualisierter Gewalt passiert das ständig. Aussagen wie »Hätte die halt nicht so rumlaufen sollen«, »War doch nur witzig gemeint, was stellt die sich so an?« oder »Die will doch nur seine Karriere zerstören« zeigen das.

Aber wie schafft Mensch das überhaupt, anderen so heftig zu schaden? Das machen wir eher nicht mit Personen, bei denen wir spüren, wie ähnlich sie uns sind. Um Gewalt rechtfertigen zu können, werden angenommene Unterschiede zu »den anderen« überhöht, um so »den anderen« ihre Menschlichkeit abzusprechen. Man nennt das *Dehumanisierung*. Menschen, die sich in irgendeinem Merkmal von uns selbst unterscheiden – das kann etwa die Hautfarbe sein, das Geschlecht oder die Religionszugehörigkeit –, werden durch Dehumanisierung zu Objekten und tierartigen Wesen gemacht. Man betont, wie anders sie sind, was sie weniger menschlich macht und dazu führt, dass man keine Empathie mehr für sie aufbringen muss und die eigenen Ziele rücksichtslos durchsetzen kann. Das Prinzip der Dehumanisierung spielt bei Belästigung eine große Rolle. Dass Frauen objektifiziert werden, ihre Körper also als Objekte statt als Subjekte betrachtet werden, ist nicht neu. Das zeigt sich besonders anschaulich in der Werbung. Seit es Werbung gibt, werden nackte Frauenkörper verwendet, um Produkte zu vermarkten, die so rein gar nichts mit nackten Frauenkörpern zu tun haben. Oft in submissiven Positionen, in denen sie wenig Macht und Menschlichkeit ausstrahlen. Dient dem Verkauf, macht Frau aber auch zum Objekt. Solche Bilder setzen kulturelle Standards dafür, wie sich Frauen verhalten und wie sie behandelt werden sollten. Das Problem dabei ist nicht die Nacktheit per se, sondern vielmehr, dass es so gut wie immer junge, normschöne Frauen sind, die auf den Bildern wenig eigene Handlungsmacht haben. Sind Frauen ständig nackt und submissiv abgebildet, normalisiert das die Vorstellung, dass Frauen Objekte sind, über die man verfügen kann.

Die Forscherin Francesca Guizzo beschäftigt sich in ihrer

Arbeit damit, wie sich die Objektifizierung von Frauenkörpern auf die Motivation, zu belästigen, auswirkt. Sie hat in ihren Studien herausgefunden, dass die Opfer-Täter-Umkehr bei Belästigung stärker ist, nachdem Versuchspersonen Bilder von Frauen sehen, auf denen sie auf diese entmenschlichte, objektifizierende Art dargestellt werden. Das erklärt sich dadurch, dass die Versuchspersonen anschließend weniger Empathie der Frau gegenüber haben. Aber nicht nur das: Versuchspersonen belästigen selbst auch eher andere Versuchspersonen, nachdem sie objektifizierende Frauenbilder gesehen haben.[39]

Ein weiteres psychologisches Prinzip, das es Mensch ermöglicht, ohne schlechtes Gewissen Gewalt auszuüben, nennt man *moralische Lizenzierung*. Dabei führt man sich die eigenen guten Taten vor Augen, um Verhalten zu rechtfertigen, das anderen schadet. Man erteilt sich also selbst eine Art Freifahrtschein. Dabei muss das Gute, was man gemacht hat, rein gar nichts mit dem Gewaltvollen zu tun haben. Ich kenne eine Betroffene, die Beschwerde wegen Belästigung gegen ihren Chef eingereicht hat. Als sie zu den Vorwürfen befragt wurde, hat man sie immer wieder gefragt, wieso sie sich beruflich von ihrem Chef hat unterstützen lassen, wenn er sie doch »anscheinend« belästigt habe. Als stünde das eine im Widerspruch zum anderen. Solche Argumente werden bei Belästigung ständig herangezogen. Auch mein Ex-Chef war ein Paradebeispiel dafür. Jedes Mal, wenn er Gegenwind spürte, hat er uns vorgerechnet, wie gut er seine Mitarbeitenden doch auch manchmal behandelt. Und das funktioniert. Einige Kolleginnen haben mir gesagt, dass sie zwar unter seinem Verhalten gelitten haben, sich aber nie gegen ihn stellen werden, weil er sie ja schließlich auch beruflich weitergebracht hätte.

Die Forschung zeigt, dass *moralische Lizenzierung*, also sich selbst einen Freifahrtschein zu erteilen, bei Belästigung eine große Rolle spielt. Denn die Motivation, zu belästigen, ist höher, nachdem sich Leute ihre eigenen guten Taten vor Augen geführt haben, sie sich selbst eine moralische Lizenz fürs Belästigen erteilt haben. Wenn Belästiger am Arbeitsplatz einen guten und verantwortlichen Führungsstil haben, werden sie auch eher für ihre Tat entlastet. Als würde ein ansonsten guter Führungsstil erlauben, dass man belästigen darf. Die Außenstehenden geben den Belästigenden eine Art »moralischen Kredit« dafür, dass sie an anderen Stellen etwas Gutes tun.[40] Wenn man genauer darüber nachdenkt, ergibt das aber überhaupt keinen Sinn. Lässt sich Belästigung durch andere vermeintlich gute Taten rechtfertigen? Ich halte es für zielführender, zu akzeptieren, dass Belästigende nicht einfach gut oder böse sind, sie also mal etwas Gutes tun und sich ein anderes Mal übergriffig verhalten können.

Die drei Prinzipien der *Täter-Opfer-Umkehr*, *Dehumanisierung* und *moralischen Lizenzierung* funktionieren im Kleinen wie im Großen, und sie funktionieren für die verschiedensten Formen von Gewalt. Auch deshalb ist es so wichtig, sie zu verstehen.

Als Amerika, Südafrika und Australien von weißen Europäer:innen kolonialisiert wurden, waren es oft Flüchtlinge, die das Land besetzten, um der Verfolgung zu entkommen. Der eigene Opferstatus half dabei, den Diebstahl von Land und die Ausrottung einheimischer Bevölkerungen zu rechtfertigen. Und auch das Prinzip der *Dehumanisierung* half dabei, systematische Unterdrückung zu etablieren, die bis heute spürbar ist. Schwarze Menschen wurden als affenartige Kreaturen dargestellt, die weniger menschlich als die eigene Gruppe seien. Auch das Prinzip der *moralischen Lizenzie-*

rung funktioniert auf kollektiver Ebene genauso wie auf individueller. In der Schule habe ich nur wenig über die Unterdrückung für den Aufbau unserer Kolonien gelernt, aber viel darüber, wie wir anscheinend Güter und »richtige« Werte in unsere Kolonien brachten. Als hätten wir den Kolonien etwas Gutes getan, und das würde rechtfertigen, dass ganze Bevölkerungsgruppen mitsamt ihrer Kultur unterdrückt und vernichtet wurden. Davon mal ganz abgesehen, dass es größenwahnsinnig und entmenschlichend ist, zu glauben, dass eine Kultur einer anderen überlegen sei.

Kurze Zusammenfassung: Wer Menschen Gewalt antun möchte, ohne sich dafür schlecht zu fühlen, macht sich selbst zum Opfer, spricht den »anderen« ihre Menschlichkeit ab und führt sich vor Augen, wo man sich überall schon mal »gut« verhalten hat. Auf diese Art können auch Menschen Gewalt ausüben, die ansonsten eigentlich ganz nett sind.

Menschen, die belästigen, sind Teil unserer Gesellschaft. Und in der Regel weder Unschuldslämmer noch Lord Voldemort. Aber wie werden sie dann zu Tätern? Auch dazu gibt es sehr spannende Forschung. Männer, die sexualisierte Gewalt ausüben, haben häufig keine gesunden Bewältigungsstrategien für ihr Innenleben. Nicht selten resultiert das daher, dass sie selbst als Kinder misshandelt wurden und psychische, physische oder auch sexualisierte traumatische Erfahrungen gemacht haben. Da für Männer das Thema der mentalen Gesundheit besonders stigmatisiert ist, entwickeln traumatisierte Jungen häufig ungesunde Bewältigungsstrategien wie abweichende sexuelle Fantasien oder Alkohol- und Drogenkonsum. Das resultiert dann in psychologischen Problemen wie Angst, Depressionen oder sozialer Isolation.[41] In einer Gesellschaft, in der Männer für unempathisches, ichbezogenes Verhalten belohnt werden (etwa wenn sie mit diesem Verhalten schneller Karriere machen) und in der feindselige Einstellungen gegenüber Frauen noch immer stark normalisiert sind, kann es für solche traumatisierten Männer eine Art Ventil sein, Frauen herabzuwürdigen und sich ihnen gegenüber sexualisiert gewaltvoll zu verhalten.

Es gibt einen Begleiter von seelischen Verletzungen, der hier eine besonders große Rolle spielt: das Gefühl des Hasses. Hass entsteht, wenn das überlebenswichtige Gefühl der Wut wieder und wieder nicht gelebt werden kann, was ganz typisch ist für Kinder, die traumatische Erfahrungen machen, vor allem innerhalb der Familie. Denn für Kinder ist die Beziehung zu ihren Eltern überlebenswichtig und wird damit über alles andere gestellt – auch über die eigenen Bedürfnisse und Gefühle. Hass ist das Gegengift für Ohnmacht und depressive Gefühle. Er wehrt Resignation ab. Ein vitalisierendes Gefühl, das dem Gefühl, unterlegen und schwach zu sein, entgegenwirkt und damit einen verführerischen Weg aus der Ausweglosigkeit darstellt. Frei nach dem Motto: Wenn ich schon nichts machen kann, dann kann ich immerhin hassen.[42] Dabei wird Hass gerne umgelenkt – auf Menschen, die eigentlich gar nichts mit den schmerzhaften Erfahrungen zu tun haben. Hasserfüllte Einstellungen wie der Frauenhass führen in letzter Konsequenz zu sexualisierter Gewalt oder sogar Femiziden, also der Tötung von Frauen, weil sie Frauen sind.

Eigentlich ist die Rechnung ganz einfach: Verletzte Menschen verletzen Menschen. Wenn sie ihren eigenen Schmerz nicht aufarbeiten. Weil da, wo Blut fließt, eigentlich Tränen fließen sollten. Ich möchte Menschen, die zu Tätern werden, nicht für ihre Taten in Schutz nehmen. Wir alle sind für unser Handeln verantwortlich, und es wäre an ihnen, sich in Therapie zu begeben und den Schmerz zuzulassen. Dennoch brauchen wir uns nicht zu wundern, dass sexualisierte Gewalt so häufig passiert, wenn wir systematisch der Hälfte der Gesellschaft verbieten, schwach zu sein, zu weinen und nicht immer zu funktionieren. Wenn wir ihr verbieten, Gefühle zu zeigen, und Wut die einzige Ausnahme sein soll.

Das Thema mentale Gesundheit ist ein großes Tabu, vor allem für Männer. Geschlechterstereotype schreiben ihnen vor, immer stark zu sein und sich niemals verletzlich zu zeigen. Das Ergebnis: Aufgrund ihres (sozial sogar erwünschten) Risikoverhaltens sterben Männer im Schnitt fünf Jahre früher als Frauen.[43] Sie werden häufiger von anderen Männern getötet, geraten in mehr Unfälle und konsumieren mehr Drogen und Alkohol – alles Faktoren, die zu einem frühzeitigen Tod führen. In Ländern, in denen traditionelle Geschlechterrollen stärker gelebt werden, ist dieser Gap in der Todesrate noch größer. Außerdem bringen sich Männer eher um als Frauen; ein Gap, der seit den 1980er-Jahren immer größer wird. Das liegt daran, dass sich Frauen vermehrt mit ihrer psychischen Gesundheit auseinandersetzen und Männer nicht mitziehen. In einigen europäischen Ländern ist der Suizid die häufigste Todesursache bei männlichen Personen im Alter von 15 bis 24 Jahren. Von allen Anrufer:innen, die sich in Suizideinrichtungen Hilfe suchen, sind 75 Prozent Frauen – dabei sind 75 Prozent derer, die den Suizid am Ende wirklich durchziehen, Männer.[44]

Männer holen sich also nur sehr selten Hilfe, nicht mal, wenn es wirklich schlimm und lebensbedrohlich ist. Dieser nicht aufgearbeitete Schmerz kann gefährlich werden. Für alle Geschlechter. Denn das, was man im Inneren nicht zulässt, richtet man gerne nach außen. Deshalb brauchen wir mehr Räume, in denen die mentale Gesundheit gestärkt wird, besonders für Jungen und Männer. Das kann in Schulen, Sportvereinen oder anderen sozialen Einrichtungen sein. Und wir brauchen Männer, die sprechen. Über ihre eigenen Verletzungen genauso wie darüber, wann sie sich möglicherweise selbst einmal übergriffig verhalten haben. In der MeToo-Debatte kamen bisher vor allem Betroffene zu Wort, in den allermeisten Fällen Frauen. Sie haben ihre Scham überwunden und alte Wunden wieder aufgerissen, um für Veränderung zu sorgen. Seitens der Männer herrscht zu dem Thema jedoch das große Schweigen.

In der Recherche für dieses Buch habe ich versucht, Erfahrungsberichte von Männern zu finden, die ihre eigene Scham überwinden und über ihr Verhalten in der Vergangenheit reflektieren – fast vergeblich. Es war äußerst schwer, einen Mann zu finden, der bereit ist, mit mir über seine übergriffige Vergangenheit zu sprechen. Aber dann treffe ich Johannes, der sich inzwischen gegen Gewalt an Frauen engagiert. Er erzählt mir, dass er sich Frauen gegenüber früher ganz selbstverständlich übergriffig verhalten hat. Weil er durch seine Sozialisierung gelernt hat, dass das normal ist. Als ich ihn frage, was ihn dazu bewegt hat, sagt er, dass es eine Mischung aus Sozialisierung, Machtausnutzung und der Konsequenzlosigkeit der eigenen Taten war. Er wusste, dass diese Gesellschaft seine übergriffigen Taten moralisch, aber auch juristisch nicht angemessen abstraft und es niemals Konsequenzen gegeben hätte. So hat er lange sein Verhalten nicht reflektiert. Schlimmer noch – er hatte sogar den Eindruck, dass Übergriffigkeit durch andere Männer belohnt wird. Was er dabei gefühlt hat? Reichlich wenig. Johannes sagt, dass es in seiner Vergangenheit sicher etliche Übergriffe gab, in denen er nichts Besonderes fühlte und keinerlei bewusste Absicht hinter der Tat steckte. Aber es gab natürlich auch solche, die ganz klar auf ein Machtgefälle abzielten und somit allein zur Demonstration der eigenen Machtposition dienten. Die Erkenntnis, dass er die Grenzen von Frauen missachtete, kam für ihn nicht über Nacht. Das war ein schmerzhafter, mehrjähriger und andauernder Prozess, in dem er sein eigenes Verhalten bis heute ständig reflektiert. Der Prozess ist für ihn eng verknüpft mit Begegnungen mit Menschen, die unter diesen Strukturen leiden und darüber sprechen – also mit Frauen und queeren Personen.

Ich hoffe, dass sich in Zukunft mehr Männer diesem Prozess stellen. Denn nur wenn wir diese Scham-Kluft in der Sprache überwinden, können wir Belästigung entmystifizieren und konstruktive Debatten führen.

Das Stereotyp des bösen Täters, der sich hinterm Busch versteckt, ist nicht haltbar. Die Motivation, zu belästigen, ist vielmehr auf Einstellungen, Werte, soziale Prägungen und vor allem seelische Verletzungen zurückzuführen. All das lässt sich aufarbeiten, das geht aber nur, wenn wir aufhören, das Problem ins Außen zu verlagern, zu »den anderen«. Denn damit suggerieren wir, dass man da nichts machen kann, und jede ernsthafte Diskussion über das Thema wird im Keim erstickt. Anstelle dessen müssen wir sprechen und aufarbeiten, wie es wirklich zu sexualisierter Gewalt kommt. Immerhin gibt es sehr viel hilfreiches Wissen darüber aus der Forschung.

Wenn wir aufhören, sexualisierte Gewalt lediglich als Extremfall zu betrachten, sind Täter plötzlich keine Aussätzigen mehr, sondern auch mal uns nahestehende Personen. Das kann beängstigend sein. Vor allem bedeutet das aber, dass ein gesellschaftlicher Diskurs ansteht. Ein Diskurs darüber, was wir als normal definieren wollen und was nicht. Ich würde mir wünschen, dass wir bei dieser Debatte Perspektiven von Betroffenen, den Schmerz der Männer darüber, in einer Gesellschaft aufzuwachsen, die ihnen das Fühlen verbietet, aber vor allem die Forschung über sexualisierte Gewalt miteinschließen. Nur so können wir das Problem in seiner Gänze begreifen und inhaltliche Debatten darüber führen.

Das perfekte Opfer

Obwohl niemand gerne über sexualisierte Gewalt spricht, haben wir doch ziemlich genaue Vorstellungen davon, wie ein »gutes« Opfer so sein soll. Wer es in unseren Augen verdient hat, dass wir ihr Glauben schenken, die verantwortlichen Peiniger:innen bestrafen und ihr nicht selbst die Schuld für das Erlebte geben. Gute Opfer sollten vor allem eines sein: geschlechterkonform! Eine gute Frau also. Oder ein richtiger Mann. Denn ein Opfer zu sein ist sehr stark an weibliche Rollenerwartungen geknüpft.[45] So sehr, dass Männer, die zu Opfern werden, dadurch als »weiblich« wahrgenommen werden. Weil weiblich zu sein oder zu erscheinen noch immer die größte Beleidung für viele Männer ist, gibt es wohl eine hohe Dunkelziffer an männlichen Opfern, die aus Scham nie über ihre Erfahrungen sprechen. Immerhin brechen sie mit dem Stereotyp des starken Mannes, der sich »einfach hätte wehren können«.

Auch der weibliche Opferstatus ist an Rollenerwartungen geknüpft. Denn Betroffenen, die sich nicht geschlechterrollenkonform verhalten, zum Beispiel, indem sie sich sexuell freizügig zeigen, wird eher selbst die Schuld für ihr Verhalten gegeben als Betroffenen, die sich geschlechterrollenkonform verhalten.[46] Ein gutes Opfer sollte sich nämlich wenig freizügig zeigen und sexuell schüchtern und verschlossen sein, gerne jungfräulich, damit man ihr glaubt. Sie sollte keinen Alkohol trinken, sonst gilt sie als unglaubwürdig. Immer traurig zu sein, besonders beim Sprechen über die Tat, ist ebenfalls wichtig. Außerdem wehrt sich ein gutes Opfer, am besten körperlich.[47] Nur in der konkreten Situation natürlich. Wer einige Tage oder Wochen braucht, um das Erlebte zu verarbeiten und darüber zu sprechen, ist schnell wieder ein schlechtes Opfer, dessen Aussage angezweifelt wird. Ein bloßes Nein zählt in der öffentlichen Wahrnehmung weniger, als wenn man sich körperlich wehrt. Absurd, dass Betroffenen abverlangt wird, sich lauthals zu wehren (»Warum hast du denn nicht Nein gesagt?«, »Das hätte man schon deutlicher sagen können«), es dann aber nicht mit unserem Frauenbild zusammenpasst, wenn sie es tun. Denn Betroffene verlieren an Glaubwürdigkeit, wenn sie sich »zu aggressiv« wehren.[46]

Als gutes Opfer sollte man die Täter:innen auch auf keinen Fall vorher kennen,[48] was am Arbeitsplatz natürlich schwierig ist. Jede vorherige Verbindung zur übergriffigen Person raubt der Betroffenen ein wenig Glaubwürdigkeit. Das ist schlimm, weil die Forschung zeigt, dass Nähe zu potenziellen Opfern Belästigung sogar wahrscheinlicher macht.[49] Logisch, denn Belästiger checken vorher ab, wie weit sie gehen können und bei wem sie keine Konsequenzen für ihr Verhalten fürchten müssen. Dass Betroffenen weniger geglaubt wird, wenn sie ihre Täter:innen vorher kannten, verstehe ich bis heute nicht – als ob übergriffiges Verhalten dadurch gerechtfertigt wird, dass man auch schon mal nette Momente miteinander hatte. Das Phänomen zeigt sich aber auch bei Vergewaltigungen: Wer seinen Vergewaltiger kennt, wird weniger ernst genommen als jemand, der auf offener

Straße von Fremden überfallen wird.[50] Die überwiegende Mehrheit der Vergewaltigungen wird jedoch von Personen aus dem näheren Umfeld begangen.

All diese Anforderungen an Betroffene von sexualisierter Gewalt haben recht wenig mit der Realität zu tun. Außerdem sind sie perfide, wenn man darüber nachdenkt, in welch engem Raum sich Betroffene bewegen müssen, um die Unterstützung zu erhalten, die selbstverständlich sein sollte. Aber warum halten sich diese Vorstellungen so hartnäckig? Meine These: Weil es schlichtweg einfacher ist und wir kognitive Geizhälse sind. Kann man das Problem auf die aufmüpfigen, sexuell freizügigen Betroffenen verlagern, muss man nicht so viel dagegen unternehmen. Ein strukturelles Problem anzuerkennen würde bedeuten, dass es nicht so weitergehen kann wie bisher – das ist anstrengender. Wie kommt es aber, dass selbst Frauen, als die vulnerabelste Gruppe für Belästigung, solch sexistische Ansprüche an Betroffene haben? Auch dazu gibt es spannende Forschung. Die zeigt, dass es diesen Frauen darum geht, empfundene Kontrolle darüber zu erlangen, dass sie selbst nicht zum Opfer werden.[51] Frei nach dem Motto: »Solange ich mich richtig verhalte, kann mir nichts passieren.« Es handelt sich hierbei aber nur um vermeintliche Kontrolle. Die traurige Wahrheit ist, dass wir nicht selbst dafür sorgen können, niemals belästigt zu werden. Das ist beängstigend.

Es ist also Zeit, dass wir uns von dem Märchen vom zu kurzen Rock verabschieden. Wir sollten uns darauf einigen, dass übergriffiges, belästigendes Verhalten einfach nie in Ordnung ist. Egal, was sie dabei anhatte, ob sie Alkohol getrunken hat, ansonsten ganz gerne Sex hat oder sich hinterher aufrappelt und nicht ununterbrochen traurig ist.

Diese Vorstellungen davon, wer ein gutes Opfer ist, sind

schlichtweg sexistisch. Dabei gibt es tatsächlich Personengruppen, die mit höherer Wahrscheinlichkeit von Belästigung betroffen sind als andere, und darüber lohnt es sich zu sprechen. Dass diese Menschen mit höherer Wahrscheinlichkeit attackiert werden, liegt nicht an ihnen, sondern daran, dass Belästigung dazu dient, andere herabzuwürdigen. Kurze Erinnerung: Es geht um Feindseligkeit, nicht um Anziehung!

Nur logisch, dass besonders Personengruppen belästigt werden, die ohnehin unter mehreren Formen der Diskriminierung leiden. Frauen, queere Menschen, People of Color oder Menschen mit Behinderungen haben ein erhöhtes Risiko, am Arbeitsplatz belästigt zu werden.[24,52,53] Es wird aber noch unangenehmer: Rassifizierte Frauen werden nicht nur häufiger belästigt, ihnen wird auch noch ihr Betroffenenstatus, und damit ihre Verletzlichkeit, eher aberkannt als weißen Frauen. Das liegt an dem Stereotyp der unkaputtbaren Schwarzen Frau. Eines der vielen Überbleibsel aus der Kolonialzeit, in der systematische Vergewaltigungswellen und die Versklavung von Schwarzen Frauen damit gerechtfertigt wurden, dass diese Frauen besonders starke und robuste Wesen seien. Wer unkaputtbar ist, verdient jedoch keinen Schutz. Das kann keinem Menschen gerecht werden, und sei er noch so stark.

Wehren sich Schwarze Frauen lauthals, werden sie oft noch mal stereotypisiert, zur »Angry Black Woman«. Ihnen wird unterstellt, sie seien aggressiv, launisch, unlogisch, anmaßend, feindselig und ignorant. Mithilfe dieser Stereotypisierung muss man sich dann nicht mehr mit ihren berechtigten Forderungen, mit ihrem generationsübergreifenden Schmerz auseinandersetzen – Empathie wird unnötig. Das Thema wird abgetan, sie werden zum Schweigen gebracht.

Aber warum erleben Personen, die von Rassismus betroffen sind, mehr sexualisierte Belästigung als weiße, und warum werden queere Personen häufiger belästigt als Heterosexuelle? Sexualisierte Belästigung passiert nicht im luftleeren Raum. Neben dem Geschlecht prägen andere soziale Identitäten, wie race, ethnische Herkunft, Geschlechteridentität und sexuelle Orientierung die spezifischen Erfahrungen mit sexualisierter Belästigung. Wenn Menschen mehr als nur einer sozialen Gruppe angehören, können sich diese sozialen Identitäten überschneiden. Das führt zu komplexeren Erfahrungen, weil sich die Stereotype über die jeweiligen Gruppen vermischen, sodass ganz unterschiedliche Diskriminierungserfahrungen entstehen. Betroffene wissen dann oft nicht, aufgrund welcher Identität sie gerade angegriffen werden, obwohl ihnen bewusst ist, dass es um ihr »Anderssein« in den Augen der Mehrheit geht, um ihre Abweichung von der vermeintlichen Norm. Hier ein Beispiel: Schwarze queere Frauen berichten häufig, dass sie von ihren Kolleg:innen als »erotische Unterhaltung« betrachtet werden. Ihr Kleidungsstil wird zum Beispiel schneller als provokant wahrgenommen als der ihrer Kolleg:innen und ihre Freundlichkeit wird häufiger als Flirten interpretiert. Sie werden schneller auf ihr Aussehen reduziert, und ihnen wird schneller sexuelle Verfügbarkeit unterstellt. Ob sie jetzt aufgrund ihrer Hautfarbe, ihres Geschlechts oder ihrer Sexualität diskriminiert werden, bleibt dabei zumeist unklar. Obwohl sexualisierte Belästigung also per Definition geschlechtsbezogen ist, darf sie niemals losgelöst von anderen sozialen Identitäten betrachtet werden.

Noelle (sie/ihr) arbeitet im Alter von 23 Jahren in einem der größten Unternehmen der deutschen Entertainment-Industrie. Sie liebt ihren Job, obwohl sie sich immer wieder

Herausforderungen stellen muss, die gar nichts mit ihrer eigentlichen Arbeit zu tun haben. Zum Beispiel gibt es da diesen deutlich älteren Mann aus der IT, der macht ihr oft Komplimente für ihr Aussehen. Wenn sie ihn zufällig auf dem Flur oder am Aufzug trifft, legt er seine Hand auf ihren Rücken. Ein bisschen zu tief. Was soll's, denkt sie sich, obwohl sie sich dabei nicht wohlfühlt. Ihre Kolleg:innen wissen, wie der IT-Typ drauf ist, sie sehen darin aber kein Problem, ganz im Gegenteil: »Sei lieb zu dem, lächle, dann hilft der dir bei deinen IT-Problemen. Du kannst froh sein, dass du ein junges hübsches Mädchen bist. Denen hilft er immer sofort.« Noelle wundert sich und ist genervt, der Kollege aus der IT hilft ihren Kollegen ja schließlich auch, ganz ohne dass sie dafür lieb lächeln müssten und obwohl sie keine jungen hübschen Mädchen sind. Auch in anderen Situationen wird Noelle auf diese Art betrachtet. Bei Abendveranstaltungen halten die Chefs sie zum Beispiel dazu an, mit Kunden mitzugehen, sobald sie merken, dass diese Interesse an ihr haben. Frei nach dem Motto: Der Kunde ist König, und ein zufriedener Kunde ist gut fürs Unternehmen. Diese Art der Erfahrung teilt Noelle mit den anderen jungen hübschen Frauen bei der Arbeit. Der Austausch hilft, auch wenn das unangenehme Gefühl bleibt. Aber es gibt auch Situationen, in denen Noelle sich nicht mit anderen Kolleg:innen austauschen kann. Ihr Chef ruft sie in regelmäßigen Abständen in sein Büro, um unwichtige Dinge mit ihr zu besprechen, die man auch auf anderem Wege hätte klären können. Diese handelt er schnell ab und geht dann dazu über, ihr rassistische Witze zu erzählen. Noelle weiß irgendwann, dass Termine in seinem Büro so ablaufen werden. Er scheut sich aber auch nicht davor, diese Witze in Gegenwart anderer zu erzählen. Obwohl ihr jeder dieser »Witze« einen Stich versetzt, sie sich abgewertet und angegriffen fühlt, weiß sie zunächst nicht, wie sie anders reagieren soll, als die Witze wegzulächeln. Noelle mag ihren Job, sie will es sich nicht mit ihrem Chef vermasseln und nicht »die Komplizierte« sein. Und mit wem sollte sie schon darüber reden? Alltagsrassismus ist in ihrem Unternehmen weit verbreitet, und bisher hat nie jemand die Witze des Chefs kritisiert. Irgendwann sagt sie zu ihm: »Wie wäre es, wenn wir uns auf drei statt fünf Witze über Schwarze pro Tag einigen könnten?« Heute wird ihr schlecht, wenn sie daran denkt.

Aber das ist nicht alles. Einmal sagt er zu ihr: »Noelle, du bist richtig gut in dem, was du tust. Jemanden wie dich gibt es hier nur alle zehn Jahre. Aber du wirst es trotzdem zu nichts bringen, du hast keinen Schwanz! Das ist nicht meine Entscheidung, so läuft das eben.« Sie ist irritiert und genervt, es sollte auch bei Weitem nicht das letzte Mal sein, dass Noelle in ihrer beruflichen Laufbahn solche Erfahrungen macht. Im Gegenteil. Rassistische und sexistische Kommentare gehören zu ihrem Alltag. Das Schlimmste daran: Abgesehen davon, dass sie sich bei den Erfahrungen unwohl fühlt, versteht sie lange selbst nicht, was da genau passiert. Bis sie anfängt, sich im Zuge der Black-Lives-Matter-Bewegung intensiver mit ihren Diskriminierungserfahrungen auseinanderzusetzen. Ihr wird klar, dass all die Dinge, die dazu führen, dass sie sich klein fühlt, nicht ihre Schuld, sondern unreflektierte Attacken von außen sind, die weder richtig noch fair sind. Heute ist es undenkbar für sie, derartige Erfahrungen unkommentiert zu lassen. Sie sagt, dass all dieser Schmerz dazu geführt hat, dass sie heute kompromisslos ist, das motiviere sie jeden Tag. Als Schwarze queere Frau in einer männerdominierten, hauptsächlich weißen Branche hat sie so viel Mist erlebt, dass sie irgendwann entschied, sich selbst radikal zu akzeptieren, mitsamt all ihren Erfahrungen. Inzwischen leitet Noelle eine Abteilung in einer äußerst erfolgreichen Agentur und wird von der Fachpresse als eines der spannendsten und begehrtesten Talente in der Werbebranche bezeichnet. Sie nutzt ihren Erfolg, um andere zu stärken, in der Hoffnung darauf, dass die einen etwas leichteren Weg haben werden als sie selbst. Ihrem Team vermittelt sie, dass man die eigene Identität nicht verstecken muss – im Gegenteil, dass sie eine Bereicherung ist. Sie zeigt ihren Mitarbeitenden, dass sie sich von nichts und niemandem dafür abwerten lassen müssen, wer sie sind. Dass es auf ihre inhaltliche Arbeit ankommt und verschiedene Identitäten einen Mehrwert fürs Team bedeuten. Um noch mehr Menschen bestärken zu können, engagiert Noelle sich in Frauennetzwerken und Branchenverbänden. Dort setzt sie sich für mehr Aufklärung, Empowerment und Kommunikation ein. Inzwischen steht sie regelmäßig auf Bühnen und hält fachliche Vorträge, aber auch Vorträge zum Thema Diversität, vor allem zum Thema Antirassismus. Eigentlich fühlt sie sich im Scheinwerferlicht nicht sehr wohl. Es ist ihr aber wichtig, in diesen Räumen sichtbar zu sein, um andere, vor allem Schwarze Frauen, zu repräsentieren und ihnen zu zeigen, dass auch sie einen Platz dort haben. Ihr Ziel ist es, ein sicheres Umfeld für Frauen, queere Menschen und People of Color zu schaffen. Deshalb spricht sie offen darüber, dass sie queer ist. All das ist für Noelle heilsam.

Noelles Geschichte zeigt, dass sich Diskriminierungserfahrungen für Menschen, die mehreren diskriminierten Gruppen angehören, vermischen. Die Forschung zeigt: Besonders häufig von Belästigung betroffen sind Frauen, Menschen aus der LGBTQIA+-Community, jüngere Menschen, rassifizierte Personen, Menschen mit Migrationsgeschichte und Menschen, die im Niedriglohnsektor arbeiten. Generell gilt: Je mehr dieser Identitätsmerkmale man hat, desto höher ist die Wahrscheinlichkeit, belästigt zu werden. Verschiedene Diskriminierungsformen interagieren miteinander, das bedeutet, sie multiplizieren sich: Menschen, die zum Beispiel geschlechterbezogen und rassistisch diskriminiert werden, machen nicht einfach nur doppelt so viele Diskriminierungserfahrungen wie Menschen, die keine dieser Identitäten haben. Zu den geschlechterbezogenen und rassistischen Diskriminierungserfahrungen kommen neue spezifische Erfahrungen hinzu, die über geschlechterbezogene und rassistische Diskriminierung allein hinausgehen. In Noelles Fall etwa können wir uns fragen, ob ihr Chef auch einen männlichen Kollegen so oft in sein Büro zitiert hätte, nur um ihm rassistische »Witze« zu erzählen. Genauso können wir uns fragen, ob er auch eine weiße Frau für vermeintliche Witze in sein Büro gebeten hätte. Die Handlung dieses Mannes ist also nicht einfach nur sexistisch oder einfach nur rassistisch, sondern beides gleichzeitig und eine Mischung aus beidem. Solche Erfahrungen macht Noelle zusätzlich zu den Erfahrungen, die sie allein wegen ihrer Hautfarbe oder ihres Geschlechts macht.

Menschen aus der LGBTQIA+-Community

Menschen aus der LGBTQIA+-Community, allen voran trans Personen, haben ein überdurchschnittlich hohes Risiko, sexualisiert belästigt zu werden. Das ist so, weil sie häufig mit stereotypen Rollenbildern brechen, was Belästigende motiviert (darüber habe ich bereits im Kapitel »Belästigung und Geschlecht« geschrieben). In der Vergangenheit hat die Forschung oft die ganze LGBTQIA+-Community in einen Topf geworfen. Mit dem Ergebnis, dass hauptsächlich schwule Männer erforscht wurden. Lange Zeit war es schwer bis unmöglich, Geld für LGBTQIA+-Forschung einzuwerben. Die Wende brachte dann, bizarrerweise, die Aids-Welle in den 1980er-Jahren. Mit dem Ergebnis, dass Forschung über schwule Männer eher finanziert wurde – schließlich handelte es sich jetzt um ein Thema, das die Gesundheitssysteme belastete. Ein guter erster Schritt, der den Weg für mehr LGBTQIA+-Forschung ebnete, sodass es heute insgesamt mehr Forschung über die spezifischen Erfahrungen der Community gibt, auch über trans Personen, Lesben und Bisexuelle. Die zeigt, dass auch die Erfahrung mit Belästigung durch die spezifischen Identitäten geprägt ist und sich unterscheidet, je nachdem, welche Geschlechteridentität man hat und wen man liebt. Es lohnt sich also, genauer hinzugucken. Ein Beispiel:

Eine Bekannte erzählt mir von der Situation mit ihrem Chef. Der zeigt manchmal unangenehm viel Interesse an ihrer Person und ihrem Aussehen. Teilweise mit Sprüchen, manchmal mit Blicken, alles recht subtil. Er weiß, dass sie mit einer Frau liiert ist. Und obwohl sie bisexuell ist, hat sie sich ihm gegenüber als lesbisch geoutet. Sie hoffte, er würde sie dann eher in Ruhe lassen. Die Forschung zeigt, dass ihr Bauchgefühl sie klug leitet: Von allen sexuellen Orientierungen sind bisexuelle Frauen tatsächlich die anfälligste Gruppe für sexualisierte Gewalt und auch für Belästigung am Arbeitsplatz. In einem meiner Experimente habe ich außerdem herausgefunden, dass bisexuelle Betroffene mehr Schuld für sexualisierte Belästigung zugewiesen bekommen als andere sexuelle Orientierungen. Die Vermutung liegt nahe, dass das daran liegt, dass ihnen gerne sexuelle Freizügigkeit unterstellt wird. Als würde es bei unserer Sexualität nur um Sex gehen und nicht primär darum, in wen wir uns verlieben können.[54]

Jüngere Menschen

Junge Menschen werden häufiger belästigt als ältere Menschen.[55] Dabei sind vor allem junge Frauen eine vulnerable Gruppe. Die Erklärung hierfür liegt auf der Hand: Macht auszuüben ist schlichtweg leichter, wenn das Gegenüber noch etwas unsicherer ist, weniger Erfahrung hat und sich vermutlich nicht wehrt. Ein hoher Altersunterschied ist ein Machtgefälle, denn ältere Menschen hatten mehr Zeit, sich ihre Position im Leben zu erarbeiten, haben im Schnitt mehr Geld, Status und Lebenserfahrung.

Ähnliche Muster zeigen sich beim Dating in heterosexuellen Beziehungen. Es ist nicht naturgegeben, dass Männer bei der Wahl ihrer Partnerin oft vor allem darauf achten, dass diese jung und schön ist, während Frauen der Status ihrer Partner wichtig ist. Es hängt vielmehr damit zusammen, dass alle maximieren wollen, was sie durch die Partnerschaft hinzugewinnen und wovon sie ohne weniger hätten. Männer haben im Schnitt schon mehr Status und Macht als Frauen. Bei erfolgreichen Frauen dreht sich das Muster um: Sie achten auch viel mehr darauf, dass ihre Partner möglichst attraktiv, im Zweifel auch jung sind, und Status (den sie ja nun selbst haben) wird unwichtiger. Heidi Klum kann sich ihre Beziehung zu dem deutlich jüngeren Tom Kaulitz auch deshalb erlauben, weil sie sich eine finanzielle Unabhängigkeit erarbeitet hat, die für sehr viele Frauen unerreichbar bleibt.

Menschen mit Migrationsgeschichte

Vor einiger Zeit erreichte uns diese Geschichte bei *#metoo-science*:

> **Melda** (sie/ihr): Während einer wichtigen Prüfung hat mich ein Professor dazu gedrängt, mein Kopftuch abzulegen, angeblich zur Identitätsprüfung. Er hat mir gedroht, mich durchfallen zu lassen, wenn ich das Kopftuch nicht ausziehe. Ich war so verunsichert, dass ich mich kaum auf die wichtige Prüfung konzentrieren konnte. Ich hatte so große Angst, dass der Professor mich zukünftig benachteiligen würde, wenn ich über das spreche, was ich erlebt habe. Auf eine Reaktion der Uni musste ich über einen Monat warten. Für den Professor wird es vermutlich keine Konsequenzen haben.

Diese Form der Belästigung ist für Frauen mit Hijab alltäglich, auch am Arbeitsplatz. In einer meiner Studien habe ich eine offene Frage eingesetzt, in der mir die Teilnehmer:innen ihre Identitäten beschreiben sollten. Es ist ein Freitextfeld, und es gibt auch die Option, die Frage zu überspringen. Von Frauen mit Hijabs bekomme ich an dieser Stelle jedoch ausführliche Beschreibungen davon, was sie aufgrund ihres Hijabs erleben. Ich denke, dass sie so auf ihren Schmerz aufmerksam machen wollen, der sonst gesellschaftlich kaum gesehen, geschweige denn anerkannt wird. Ihnen wird ständig ihr Recht darauf genommen, selbst zu entscheiden, ob sie ihre Haare bedecken wollen oder nicht, weil islamfeindliche Einstellungen in unserer Gesellschaft genauso normalisiert sind wie Frauenhass und andere Formen der Diskriminierung. Der Doppelstandard wird besonders deutlich, wenn wir uns vor Augen führen, dass niemand ein Problem mit den Kopftüchern von Nonnen hat oder etwa Billie Eilish als Popstar dafür gefeiert wird, dass sie ihren Körper unter übergroßer Kleidung vor der Belästigung durch Männer schützt, während muslimische Frauen dafür abgewertet werden.

In der Regel sind es nichtmuslimische Männer, die über die Hijabs muslimischer Frauen meckern und sie dazu drängen wollen, ihre Hijabs abzunehmen (was unter die Definition von sexualisierter Belästigung fällt). Faktisch sollten weder nichtmuslimische Männer noch muslimische Männer entscheiden dürfen, wie sich Frauen kleiden. Nur der Frau obliegt das Recht darauf, sich so anzuziehen, wie sie das möchte. Frauen wieder einmal das Recht auf selbstbestimmte Kleidung zu nehmen wird nicht die Lösung für die weltweite, kulturübergreifende Unterdrückung und Benachteiligung der Frau sein. Im Gegenteil: Frauen im 21. Jahrhundert »zu ihrem eigenen Wohl« vorschreiben zu wollen, wie sie sich zu kleiden haben, ist wahnwitzig. Deshalb kann es genauso ein Akt der Selbstbestimmung und Freiheit sein, einen Hijab zu tragen, wie keinen zu tragen. Oder ihn sogar zu verbrennen, so wie die Kämpferinnen der feministischen Revolution im Iran.*

Aber nicht nur ein Hijab kann zu mehr Belästigung führen, sondern auch andere Aspekte, die auf Migrationsgeschichte hindeuten, wie ein Dialekt oder Aussehen, das rassifiziert wird. Menschen mit solchen Erscheinungsmerk-

---

* Immer noch werden im Iran täglich Frauen, queere Menschen und Gegner:innen des islamistischen Regimes gefoltert und getötet, weil sie für ihr Recht auf Selbstbestimmung und Freiheit einstehen. Das Überleben dieser Menschen hängt davon ab, dass wir die Freiheitskämpfer:innen nicht vergessen. Informiert euch und andere! Jin, Jiyan, Azadî!

malen wird ein geringerer Status zugeschrieben, und das macht sie verletzlicher für Belästigung. Dass belästigendes Verhalten in ihrem Fall sanktioniert wird, ist noch unwahrscheinlicher als ohnehin schon.

Menschen, die im Niedriglohnsektor arbeiten

Personen, die im Niedriglohnsektor arbeiten oder unsicheren Beschäftigungssituationen nachgehen, sind stärker gefährdet, belästigt zu werden. Das Machtungleichgewicht und die Angst vor dem Verlust des Arbeitsplatzes sind in schlecht bezahlten, prekären Beschäftigungen größer, was Belästigung wahrscheinlicher macht. Denn wer gerade so über die Runden kommt und nicht weiß, ob im nächsten Monat Arbeitslosigkeit droht, wird es sich dreimal überlegen, gegen eine Belästigung vorzugehen. Und das wissen Menschen, die Grenzen überschreiten. Frauen arbeiten überproportional häufig im Niedriglohnsektor, die Lebensrealitäten dieser Frauen sind jedoch weitgehend unerforscht.[56]

Menschen mit Behinderung

Ich kannte mal einen Belästiger, nennen wir ihn Rüdiger. Rüdiger hat einen seiner Arbeitskollegen dazu gedrängt, mit ihm in den Puff zu Frauen mit Behinderungen zu gehen. Er selbst sagte dazu, dass die Wehrlosigkeit dieser Frauen ihm den ganz besonderen Kick gebe. Ich erzähle davon, weil Menschen mit Behinderungen besonders anfällig dafür sind, am Arbeitsplatz sexualisiert belästigt zu werden, wobei Männer mit Behinderung vor allem verbaler Belästigung ausgesetzt sind und Frauen mit Behinderung sowohl verbaler als auch physischer Belästigung überproportional oft ausgesetzt sind.[52] Die Erklärung ist dieselbe wie immer: Menschen mit Behinderung haben im Schnitt weniger Macht und Möglichkeiten, und Macht ist der zentrale Motor der Belästigung.

Ich fasse zusammen: Die bestehenden Vorstellungen und Ansprüche an Betroffene sind sexistisch. Übergriffiges, belästigendes Verhalten ist niemals okay. Der Rolle eines »guten Opfers« gerecht zu werden ist fast unmöglich, und die Ansprüche sind nicht vereinbar mit einem freien, selbstbestimmten Frauenbild. Wir sollten tragen dürfen, was wir wollen, Alkohol trinken, wenn uns danach ist, Sex haben, wenn wir das wollen, und Erfahrungen mit Belästigung sollten uns nicht abverlangen, immer traurig sein zu müssen. Gerade da Belästigung so gut wie jeder Frau und queeren Person im Laufe ihres Lebens widerfahren wird: Wie absurd, sich vorzustellen, dass all diese Menschen ständig traurig sein sollten, damit ihnen geglaubt wird.

Ich selbst bin dieser Rolle des »guten Opfers« nie gerecht geworden, genauso wenig wie meine Kolleginnen. Was hatten die Trennung von meinem Mann und meine anschließende Verliebtheit in eine Kollegin mit den Vorwürfen gegen meinen Doktorvater zu tun? Die Forschung zeigt: Erfahrungen mit Belästigung resultieren aus den sozialen Identitäten, die attackiert werden, nicht aus der Länge des Rocks. Der kurze Rock dient als Rechtfertigung dafür, warum das Opfer es nicht verdient hat, dass man ihr glaubt.

Falsche Vorstellungen abzubauen ist deshalb so wichtig, weil sie Betroffene davon abhalten, über ihre Erlebnisse zu sprechen. Und Gewalt, die weder eingeordnet noch adressiert wird, hinterlässt Schäden. Die sind schwieriger zu greifen und komplizierter anzugehen, wenn nicht nur Unwissenheit, sondern auch falsche Vorstellungen vorherrschen. Deshalb ist Aufklärung so wichtig. Also sprecht darüber, wie ihr alte Vorstellungen loslassen durftet, weil ihr dazugelernt habt, genauso wie über eure eigenen Erfahrungen.

Wer wird gehört?

In meiner Rolle bei *#metooscience* gebe ich manchmal Workshops. Dabei führe ich zu Beginn gerne eine Visualisierung mit den Teilnehmenden durch. Diese schließen ihre Augen und stellen sich eine Belästigungssituation vor, auf die eine Konfrontation im Gleichstellungsbüro folgt. In der Konfrontation verteidigen Betroffene und Belästiger jeweils ihre Ansichten. Die Teilnehmenden der Workshops sollen sich vorstellen, was beide sagen, wie sie emotional auf die Situation reagieren würden, welche Argumente sie anbringen würden. Spannend an der Übung ist, dass die allermeisten die Perspektive des Belästigers auf der Stelle präsent haben. »Das war doch nur ein Witz«, »Die hat das in den falschen Hals bekommen«, »Jetzt habe ich aber Angst, mit Frauen zu sprechen« ist genauso abrufbar wie die angenommene Wut und Opfermentalität des Beschuldigten. Wenn ich die Teilnehmenden dann bitte, sich die Perspektive der Betroffenen vorzustellen, ist da in der Regel: einfach nichts. Leere im Gehirn. Warum ist das so?

Es herrscht ein Ungleichgewicht. In den Geschichten, die wir uns erzählen, und damit in den Repräsentationen, die in unserem Gehirn verfügbar sind. Wir können uns gut vorstellen, wie sich Belästigende wohl fühlen mögen, wohingegen wir Betroffenenperspektiven weniger präsent haben. Denn deren Perspektiven werden immer noch viel zu häufig totgeschwiegen. Belästigt eine Person zwölf Menschen, dann sprechen wir von einem Belästigungsfall, nicht von zwölf. Wir sprechen von einem Fall, weil es eine belästigende Person gibt. Und das ist die Perspektive, die wir kennen. Auf ihr liegt der Fokus im Diskurs über sexualisierte Belästigung.

Das liegt unter anderem daran, dass Journalist:innen immer noch viel zu häufig subtil eine Täter:innenperspektive einnehmen, wenn sie das Thema der sexualisierten Gewalt medial aufgreifen – das zeigen Diskursanalysen aus der Medienforschung. Nicht dass Betroffene dadurch nicht im Fokus stehen, im Gegenteil. Sie bekommen Raum. Nur wird der viel zu häufig mit unnötigen Details über sie gefüllt, wie etwa Einzelheiten aus ihrem Privatleben oder ihrer sexuellen Freizügigkeit.[57] Anstelle dessen könnte es darum gehen, wie Übergriffigkeiten auf sie wirken, wie sie damit umgehen und was sie daraus machen. Darum geht es aber eher selten. Das geht aber auch anders, wie zum Beispiel die Journalistin Juliane Löffler in ihrer Arbeit zeigt. Darüber, wie sie das macht und welchen Hürden ein solcher Journalismus ausgesetzt ist, schreibt sie in ihrem Buch *Missbrauch, Macht & Medien: Was #MeToo in Deutschland verändert hat.* Es gibt Medienwissenschaftler:innen, die die Ansicht vertreten, dass allein durch die Überfokussierung auf unnötige (private) Details über Betroffene (statt sie als ganzheitliche Persönlichkeiten zu zeichnen) eine Täter:innenperspektive eingenommen wird. Klarer wird dieser Vorgang in Filmen und Serien. Bei Vergewaltigungsszenen wird der Körper der Betroffenen häufig durch die Augen der (meistens männlichen) Täter gefilmt, nicht selten sogar auf sexualisierte Weise. Ihr Körper sieht also sexy aus, während er gewaltvolle Erfahrungen macht.

Es gibt nur wenige Filme oder Serien, in denen sexualisierte Gewalt durch die Augen von Betroffenen gefilmt wird. Eine davon ist *The Handmaid's Tale*. Da sieht man im Detail, wie sich Täter ihren Opfern nähern und sich an ihnen vergreifen – durch die Augen der Vergewaltigten. Wir sehen den Körper der Vergewaltigten diesmal kaum, und der Körper erfüllt auch keine sexy Standards. Im Gegenteil, wir teilen die Perspektive der Vergewaltigten – und damit ihre Erfahrung. Vielen ist das zu heftig. Die Serie wird oft als triggernd, zu gewaltvoll, zu krass beschrieben. Dabei ist sie näher an der Realität von sexualisierter Gewalt als das, was sonst häufig gezeigt wird – zumindest für Betroffene.

Aber wieso kennen wir keine Betroffenenperspektiven? Die Antwort finden wir auch in den Sprachwissenschaften. Die zeigen wieder einmal, dass öffentliche Diskurse und damit das »Wer wird eigentlich gehört?« maßgeblich durch bestehende gesellschaftliche Machtverhältnisse geprägt werden. Wieso genau das so ist und wie sich das auswirkt, erklärt Kübra Gümüşay prägnant und klug in ihrem fantastischen Buch *Sprache und Sein*. Kübra fasst in ihrem Buch zusammen, was die Forschung zeigt: Diejenigen, die Macht haben, bestimmen öffentliche Diskurse stärker als diejenigen, die weniger Macht haben. Sie legen also eher fest, welche Sprache legitim ist und welche nicht. Weil die Mächtigen die sind, die sprechen dürfen und auch gehört werden. Sie sind Subjekte, also Menschen, die als ganzheitliche Wesen durch diese Welt gehen dürfen, die auch mal Fehler machen dürfen, die trotz Fehler immer noch gehört werden. Ihre Perspektive muss nicht nur weniger angezweifelt werden als die der weniger Mächtigen, sondern sie bestimmt auch den Rahmen, in dem bestimmte Themen diskutiert werden.

Wer weniger Macht hat, wird weniger gehört, bekommt

mehr Zuschreibungen von außen und muss sich in einem engeren vorgeschriebenen Rahmen bewegen, um überhaupt gehört zu werden. (Den Rahmen, in dem sich Betroffene von Belästigung bewegen müssen, um als glaubwürdig gehört zu werden, beschreibe ich in dem Kapitel »Das perfekte Opfer«.) Menschen, die weniger mächtig sind, werden schnell zum Objekt, das Zuschreibungen von außen ausgesetzt ist und weniger gehört wird. Es geht also schon wieder um Objektifizierung. Die findet subtile Wege in unsere Sprache und bestimmt damit öffentliche Diskurse. Manchmal hören wir Aussagen wie: »Es ist schlimm, dass so viele Frauen am Arbeitsplatz belästigt werden.« Und obwohl in der Aussage ein Problembewusstsein steckt, steckt da auch subtil eine Täter:innenperspektive drin. Wieso? Weil sehr selten gesagt wird: »Es ist schlimm, dass so viele Männer am Arbeitsplatz belästigen.« An den beiden Aussagen und daran, wie ungewohnt die zweite Aussage für uns klingt, sehen wir, wer im Diskurs über sexualisierte Belästigung zumeist Subjekt und wer Objekt ist, wer benannt wird und wer sprechen darf, wer als ganzes, fehlbares Wesen betrachtet wird und wer sich anpassen und verbiegen muss, um überhaupt gehört zu werden.

Linguistische Strukturen im Diskurs über sexualisierte Gewalt zeigen sich oft in passiver Sprache. Täter:innen werden durch die passive Struktur der Sprache kaum erwähnt. Es wirkt so, als ob Betroffenen sexualisierte Gewalt einfach so passiert, ohne dass dafür eine aktive Handlung nötig wäre. Die Verwendung von passiver Sprache verstärkt das Narrativ, dass es sich bei sexualisierter Gewalt um ein »Frauenproblem« handelt, was dazu führt, dass Betroffenen schneller die Schuld für das Erlebte gegeben wird (also *Victim Blaming* betrieben wird), und auch dazu, dass sexualisierte Gewalt eher akzeptiert wird.[58] Bei nicht weißen Täter:innen ist das übrigens anders. Da wird viel häufiger aktive Sprache verwendet.[59] Das zeigt wieder einmal, dass verschiedene Diskriminierungsformen nicht getrennt voneinander betrachtet werden können. Belästigende werden durch die passive Sprache über sexualisierte Gewalt subtil geschützt, sie sind die Subjekte, deren Erfahrungen den Diskurs überproportional bestimmen.

Aber warum sprechen Betroffene dann nicht einfach und holen sich den Diskurs zurück? Das Problem ist leider tief in unserer Gesellschaft verankert. In unseren Werten, Normen und Einstellungen und damit in potenziell jeder Person, mit der eine Betroffene interagiert. Es geht um mehr als nur das Leid der Belästigung selbst, das wir diesen Menschen absprechen. Wenn Personen, die über ihre Erfahrung mit Belästigung sprechen, sprachlich abgewertet werden, gibt es unzählige stille Beobachter:innen, die daraus ableiten, dass sie besser schweigen sollten.

Betroffene befürchten – realistischerweise – Abwertungen aus ihrem Umfeld und den zuständigen Instanzen. Wenn sie sich mit diesem Thema, das so schuld- und schambehaftet ist, an die Außenwelt wenden, machen sie sich im hohen Maße verletzlich, sodass Abwertungen und Schuldzuweisungen sie erneut traumatisieren können (die sogenannte »sekundäre Viktimisierung«). Deshalb ist Schweigen, um sich selbst und andere zu schützen, auf individueller Ebene immer nachvollziehbar und legitim. Oft ist es leider das Sicherste. Außerdem sind Betroffene unrealistischen Standards ausgesetzt, die sie nur selten erfüllen. Am Boden zerstört sollen sie sein. Dabei haben manche vielleicht gar keine Symptome einer posttraumatischen Belastungsstörung oder nur einzelne. Vielleicht hält die aus der Belästigung resultierende Belastung nicht so lang an. Wichtig ist: Gewalt ist ein Spektrum, und Menschen reagieren sehr unterschiedlich auf die verschiedenen Ausprägungen, je nachdem, was sie schon für Erfahrungen gemacht haben und was sie ansonsten für emotionale Ressourcen in ihrem Leben haben. Sollten Betroffene nicht auch über Belästigungserfahrungen sprechen dürfen, wenn sie mental relativ stabil sind? Dass Betroffene nicht komplett zerstört sind, heißt doch nicht, dass belästigendes Verhalten weniger falsch ist.

Wie unlösbar die Aufgabe des guten Opfers ist, sieht man auch an der nächsten Sprachhürde: Zwar soll es Betroffenen immer maximal schlecht gehen, damit sie das Recht haben, zu sprechen. Geht es ihnen aber wirklich schlecht, werden sie pathologisiert. Ihnen wird das Gefühl gegeben, dass die eigene Reaktion auf die hoch normalisierten Verhaltensweisen nicht normal ist, dass sie übertreiben. Dass sie hysterisch sind.* Dieses Pathologisieren der Betroffenen verschiebt das Problem auf ihr Innenleben. Belästigung wird dadurch individualisiert und entpolitisiert, Betroffene stehen in der Verantwortung, zu heilen. Das strukturelle Problem der sexualisierten Gewalt rückt in den Hintergrund. Und wir sprechen nicht mehr darüber, welche Bedingungen Belästigung befeuern. Die Verantwortung der Belästigenden wird

---

* Hysterie war im 19. Jahrhundert die Frauenkrankheit schlechthin. Dabei wurde Frauen, die unzufrieden mit dem Status quo und ihrem sozialen Käfig waren und darauf mit Wut und Trauer reagierten, von männlichen Ärzten Übertreibung, Simulation und Unglaubwürdigkeit attestiert. Aber auch körperliche Symptome wie Brustschmerzen, innere Unruhe oder ein geblähter Unterleib wurden gerne als Hysterie diagnostiziert. Oder wie der erfolgreiche Philosoph Otto Weininger im Jahr 1903 sagte: »Die Hysterie ist eine organische Krise der organischen Verlogenheit des Weibes.«[58]

ausgeblendet. Das führt gerne dazu, dass Betroffene für unzurechnungsfähig erklärt werden. Sprechende werden nicht mehr als vernünftige Diskursteilnehmende anerkannt, ihr Sprechen wird als wahnhaftes Sprechen von Verrückten abgetan. Die psychischen Probleme, die Betroffene allein durch die Tat haben, dienen als Beweis dafür, dass sie nicht glaubwürdig sind. Aber wieso sollte eine natürliche Reaktion auf grenzüberschreitendes Verhalten irgendeine Person unglaubwürdig machen? Wieso sollte eine Person unzurechnungsfähig sein, wenn sie mit Trauer, Wut, Ängsten oder sonstiger Belastung auf Belästigung reagiert?

In meiner eigenen Anhörung gab es einen Moment, in dem es mir schwerfiel, eine Situation zu bezeugen, da diese Situation besonders starke Schuld- und Schamgefühle in mir auslöste. Ich hielt also kurz inne, um nicht in Tränen auszubrechen, versuchte, ruhig zu atmen. Ich werde das Gesicht des Anwalts des Beschuldigten in dem Moment, als ihm klar wurde, dass ich drauf und dran war, die Fassung zu verlieren, nie vergessen. Sein Schmunzeln ist bis heute in mein Gehirn gebrannt. Triumphierend. Als wüsste er in diesem Moment, dass er gewonnen hat. Freudig aufgeregt bat er die Anwält:innen, die Zeuginnenvernehmung bezüglich der Situation doch zu beenden. Die Zeugin – ich – sei emotional offensichtlich nicht in der Verfassung, wahrheitsgetreu auszusagen. Diese unterirdische Verteidigungsstrategie machte mich so wütend, dass meine Traurigkeit über die Situation selbst auf der Stelle verpuffte und ich gefasst verkündete, ich sei sehr wohl in der Lage, die Geschichte wahrheitsgetreu zu erzählen. Was ich dann auch tat.

Von Betroffenen zu verlangen, dass sie stets am Boden zerstört sind, sie dann aber dafür zu pathologisieren und ihnen ihre Glaubwürdigkeit abzusprechen, wenn sie emotional werden, zeigt, wie verkorkst das Ganze ist. Da ist ein Fehler in der Matrix. Kein realistischer Rahmen für Betroffene, kein Raum, in dem sie mit ihren Erfahrungen *sein* können. Das alles führt dazu, dass kaum jemand offen über Belästigungserfahrungen spricht, die meisten sie lieber vor anderen und vor sich selbst kleinreden und bagatellisieren. Die Lösung? Wir könnten anerkennen, dass auch Menschen, die Belästigung erfahren – ein großer Teil unserer Gesellschaft im Übrigen –, ganzheitliche Wesen, Subjekte sind, denen es mal gut und mal schlecht geht. Deren Perspektive hörenswert ist und die nicht den Verstand verlieren, wenn sie traurig oder wütend darüber sind, dass ihre Grenzen überschritten wurden (eine psychologisch völlig normale Reaktion). Belästigung muss nicht in einer PTBS-Diagnose enden, damit die betroffenen Individuen und Gruppen Schaden nehmen. Genauso wenig werden Menschen durch natürliche Reaktionen und Emotionen auf übergriffige Verhaltensweisen unglaubwürdig.

Dafür, nicht zu sprechen, gibt es auf individueller Ebene viele gute Gründe. Zu schweigen kann einen schützenden Raum der Ruhe darstellen. Das ist nachvollziehbar. Und trotzdem: Auf kollektiver Ebene ist das schädlich. Weil es falschen Vorstellungen nicht entgegenwirkt und die weiter propagiert werden, sodass es anderen Menschen in ähnlichen Situationen schwer bis unmöglich gemacht wird, Worte für ihr Erleben zu finden. Wer nicht als gleichberechtigte Stimme am sozialen Gespräch teilnehmen kann, verliert einen Teil der eigenen Handlungsmacht.

Und das ist wichtig, denn dieses »Aus wessen Perspektive wird etwas erzählt?« hat einen Einfluss, auch bei sexualisierter Belästigung. Das Sprechen aus unterschiedlichen Perspektiven bewirkt subtile Unterschiede in der Formulierung und setzt einen Interpretationsrahmen (ein sogenanntes

»Framing«), wie ein Inhalt zu interpretieren ist. Ein solcher Rahmen beeinflusst, wie Lesende das Thema Belästigung einordnen, nicht nur, indem bestimmte Aspekte des Themas hervorgehoben werden, sondern auch, indem Schemata aufgerufen werden, die die Interpretation der Informationen beeinflussen.[61]

Dr. Charlotte Diehl hat in einer ihrer Studien Teilnehmende Berichte über sexualisierte Belästigung lesen lassen. Die Berichte über den Belästigungsfall waren entweder aus der Perspektive der (in der Studie männlichen) Täter, der Betroffenen oder aus neutraler Perspektive geschrieben. Sie sahen so aus:

Betroffenenperspektive: »Ich war zu diesem Zeitpunkt völlig verwirrt und wusste nicht, wie ich mich verhalten sollte.«
Täterperspektive: »Sie sagte kein Wort und verließ sprachlos den Raum, aber ich bin sicher, dass sie das Signal, das ich ihr gesendet habe, verstanden hat.«

Und tatsächlich: Wer Berichte aus der Betroffenenperspektive gelesen hatte, lehnte Belästigungsmythen danach eher ab als jemand, der Berichte aus der Täterperspektive gelesen hatte. Wer hingegen neutrale Berichte gelesen hatte, stimmte den Mythen über Belästigung danach genauso stark zu wie jemand, der Berichte aus der Täterperspektive gelesen hatte. Die Forschenden schlussfolgern, dass sich diese Reaktionen nicht unterschieden, weil eine Täterperspektive die neutrale Standardansicht in unseren Repräsentationen ist. Berichte aus der Betroffenenperspektive hingegen stechen heraus. Betroffenenperspektiven zu hören konnte auslösen, dass Teilnehmende faktisch falschen Vorstellungen von sexualisierter Belästigung weniger zustimmten. Das liegt vor allem daran, dass Menschen, die diese Berichte gelesen hatten, mehr Empathie für die Betroffenen hatten.[62] Dass die Perspektive einer anderen Person zu mehr Empathie führt und damit ein Schlüsselfaktor ist, um Stereotype abzubauen und Gefühle, Einstellungen und Verhalten gegenüber einer Gruppe zu verbessern, zeigt die psychologische Forschung in unzähligen Experimenten und Studien schon seit Jahren.[63] Deshalb ist es so wichtig, dass wir uns den Perspektiven von Betroffenen widmen und ihnen zuhören. Und dass wir versuchen, Betroffenen mit der Empathie zu begegnen, die sie verdient haben. Weil Menschen unabhängig davon, welches Geschlecht sie haben, Schutz verdienen. Dafür muss ein gesamtgesellschaftliches Problembewusstsein entstehen. Aufklärung fängt nicht erst bei verpflichtenden Awareness-Workshops am Arbeitsplatz an. Auch die können hilfreich sein. Es geht aber viel eher um die alltäglichen Interaktionen, in denen Veränderung passieren muss, und jede Person, die sich weiterbildet und das Thema anerkennt, ist Teil der Lösung.

Es ist zum Beispiel wichtig, dass wir uns selbst und unseren Kindern grundlegende Regeln des Miteinanders beibringen. Wir sollten lernen, die eigenen Grenzen zu spüren und zu kommunizieren. Und die von anderen Menschen einzuhalten. Grenzen sind dafür da, uns zu schützen, deshalb sind sie unabdingbar für ein gesundes Innenleben und gesunde menschliche Beziehungen. Ein Nein heißt dabei immer Nein, weil eindeutige Kommunikation das Ziel ist. Dafür müssen wir auch Ideen hinter uns lassen wie »Frauen sagen gerne Nein, wenn sie eigentlich Ja meinen«.

Was dabei helfen kann, ist, Menschen für ihre Urteile in Verantwortung zu nehmen, etwa wenn sie etwas Problematisches sagen. Sagt man Menschen, dass sie ihre Urteile später anderen gegenüber erklären müssen, führt das dazu, dass sich ihre Entscheidungen weniger an stereotypen Bildern orientieren. Also: Tätigt jemand in deiner Anwesenheit eine Aussage, die Betroffene verurteilt und Belästigende in Schutz nimmt, lass dir erklären, was er oder sie genau damit meint. Oft kommt das Gegenüber dann schon ins Schwimmen, weil solche Aussagen meist eher unüberlegt und unaufgeklärt als böswillig sind. Dann lohnt sich eine Diskussion. Die muss weder wütend noch übertrieben freundlich geführt werden. Wichtig ist nur, alte Vorstellungen herauszufordern.

Dass wir mehr Betroffenenperspektiven brauchen, bedeutet nicht, dass wir das Problem einfach wieder auf die Betroffenen selbst abwälzen können. Die begeben sich schließlich in eine verletzliche Situation, wenn sie sprechen, und sollten nicht gedrängt werden. Klüger ist es, Betroffenen aufmerksam zuzuhören und Bedingungen zu schaffen, die es ihnen ermöglichen, offen zu sprechen. Denn was, wenn jemand spricht, aber niemand zuhört? Dahinter muss nicht mal Absicht stecken, meistens hören Menschen aufgrund von mangelnder Aufklärung nicht zu und weil es schlichtweg weniger anstrengend und schmerzhaft ist, sich auf alte Vorstellungen zu verlassen, statt Empathie für das Gegenüber aufzubringen. Es lohnt sich also, über Unaufmerksamkeit, Gleichgültigkeit oder Unbedachtheit zu sprechen. Und, wie immer, über veraltete, unwahre Bilder.

Dabei unterstelle ich den meisten Menschen, dass sie kein offensichtliches Interesse daran haben, Betroffene zum Schweigen zu bringen, und es trotzdem leider tun. Weil das Gesagte nicht bei ihnen ankommt und sie generell schon eine ablehnende Haltung dem aufwühlenden Thema gegenüber haben. Es sollte uns bewusst sein, dass jede Form der Verharmlosung – »Der hatte aber auch eine schwere Kindheit« oder »Das liegt in der Natur von Männern» – ein Schlag ins

Gesicht von all jenen ist, für die es ohnehin schon schwer genug ist, zu sprechen. Sprache und Verhalten, das Betroffenen keine Aufmerksamkeit und Glaubwürdigkeit schenkt und das Problem so leugnet, sind genauso Teil des Problems wie der Akt der Belästigung selbst. Aber auch Betroffenen Übertreibung zu unterstellen und den Mythos der Kontrollierbarkeit, nicht belästigt zu werden, zu propagieren. Denn all diese Dinge verhindern, dass Betroffene die Anerkennung, Hilfe und Gerechtigkeit erhalten, die ihnen zusteht. Deshalb ist es so wichtig, dass wir uns alle an die eigene Nase packen und uns fragen, wie wir uns für das Thema einsetzen wollen. Bei der eigenen Arbeitsstätte schlechtes Beschwerdemanagement zu kritisieren kann genauso ein Schritt sein, wie Kolleg:innen aufmerksamer zuzuhören oder sich zu positionieren, wenn Aussagen getätigt werden, die Betroffene degradieren.

Mehr über sexualisierte Gewalt zu sprechen ist eine gute Forderung, aber das allein reicht nicht. Denn es geht darum, wie wir über sie sprechen. Und wie wir zuhören. Mein Appell richtet sich vor allem an Zuhörende, nicht an Betroffene. Lilian Schwerdtner schreibt in ihrem Buch *Sprechen und Schweigen über sexualisierte Gewalt*,[64] dass gelingendes Sprechen über sexualisierte Gewalt dadurch bestimmt ist, dass es gehört wird und die gewünschten Wirkungen entfaltet – es ist ein sicheres und selbstbestimmtes Sprechen. Das entsteht nicht allein dadurch, dass mehr über das Thema gesprochen wird. Sondern dadurch, dass sexualisierte Gewalt als strukturelles Problem anerkannt wird und klare Worte dafür zur Verfügung stehen. Selbstbestimmtes Sprechen entsteht, wenn wir dem Diskurs offen gegenüberstehen und ihn nicht mehr normieren wollen. Es zählen also alle Sichtweisen gleichermaßen, auch die der betrunkenen, sexuell freizügigen, sich nicht wehrenden, emotional aufgelösten, aber auch mal glücklichen Betroffenen. Selbstbestimmtes Sprechen entsteht, wenn Betroffene nicht alles beweisen müssen, um sprechen zu dürfen, und gleichzeitig nicht dazu gedrängt werden, sprechen zu müssen. Das Schweigen der Betroffenen muss auch gehört werden, weil wir den Zahlen über Belästigung glauben und den Betroffenen, die sich uns anvertrauen. Wir sprechen also mit ihnen statt über sie, und während wir das tun, glauben wir ihnen erst einmal. Wir verhalten uns parteiisch, weil es statistisch gesehen viel wahrscheinlicher ist, dass sie die Wahrheit sagen. Ihr Sprechen darf keine unkontrollierbaren Prozesse mehr hervorrufen, also keine Sensationsberichterstattung oder intransparente Beschwerdeverfahren. Und langes Schweigen darf nicht als Eingeständnis gelten, sondern muss als das gesehen werden, was es ist: natürlich. Es ist an jeder einzelnen Person, in unserer Gesellschaft diese Veränderung herbeizuführen.

Toxisches Arbeitsumfeld

Die Frage »Und was machst du so?« reicht in der Regel aus, damit Menschen einem erzählen, was sie beruflich machen. Für viele ist ihr Job so zentral und identitätsstiftend, dass es für die Frage keinen Zusatz braucht. Wir verbringen bis zur Rente im Schnitt ein Drittel unseres Lebens mit bezahlter Arbeit.[65] Das ist viel! Es ist wichtig, dass wir uns nicht nur im Privaten um unsere psychische und körperliche Gesundheit kümmern. Denn die Freizeit kann nicht alles ausgleichen, was in der Arbeitszeit schiefläuft. Hinzu kommt, dass wir nicht nur arbeiten, weil es uns Spaß macht, sondern vor allem, um Miete, Essen und sonstige Rechnungen zu bezahlen. Viele Menschen sind dabei nicht nur für sich selbst, sondern auch noch für ihre Liebsten verantwortlich, für ihre Kinder oder ein pflegebedürftiges Familienmitglied. Das schafft Abhängigkeiten. Die Angst, den Job zu verlieren, nicht zu wissen, wie es dann weitergeht, kann sehr bedrohlich sein. Und das wiederum kann ausgenutzt werden. Deshalb ist der Arbeitsplatz anfällig für Belästigung.

Die natürlichen Reaktionen auf Bedrohung – »Fliehen« oder »Kämpfen» – sind hier verkompliziert. Wer seinen Job nicht verlieren will, kann nicht einfach fliehen, und wer auf das Wohlwollen des Arbeitsumfeldes angewiesen ist, wird nicht so kämpfen wie vielleicht in einem anderen Kontext. Und das spüren Belästigende intuitiv. Sie sind in der Regel gut darin, Situationen zu erkennen, in denen sie keine Konsequenzen für ihr Verhalten erwarten müssen. Seitens der Betroffenen wird es immer schwer bleiben, sich zu wehren, sie haben viel zu verlieren. Das macht die Rolle der Arbeitgebenden und des Arbeitsumfeldes so zentral.

Die Forschung zeigt, dass Belästigung nicht in einem Vakuum passiert. Ihr Auftreten ist davon geprägt, inwiefern das Arbeitsumfeld sie als normal hinnimmt. Anfällig sind dabei vor allem Branchen, die stark hierarchisch aufgebaut sind, in denen der Wettbewerb wertgeschätzt wird und die stark von Männern dominiert sind.[66] Sagt der Kollege etwas, wenn er mitbekommt, dass ein frauenfeindlicher Witz gemacht wird? Ist es normal, dass darüber geredet wird, wer »geil« ist und wer nicht? Sind Verantwortliche über das Thema Geschlechterdiskriminierung aufgeklärt? Liegt ihnen etwas daran, ein Klima zu schaffen, in dem sich alle Geschlechter wohlfühlen?

Studien zeigen, dass das Ausmaß, in dem ein Umfeld eine Belästigung toleriert, der ausschlaggebende Faktor ist, ob es zu einer Belästigung kommt oder nicht. Das spielt sogar eine größere Rolle als die Charakterzüge von Belästigenden.[67] Deshalb spricht man auch vom toxischen Arbeitsklima, das Belästigung begünstigen oder, wenn es aufgebrochen wird, sogar verhindern kann. Das Arbeitsklima bestimmt nicht nur, ob es zu Belästigung kommt, sondern auch, wie schädlich sie ist, wenn sie auftritt. Das ist vor allem ein Problem, wenn Verantwortliche nicht über das Thema aufgeklärt sind und dadurch zusätzlicher Schaden bei Betroffenen entsteht.

»Bei uns gibt es so etwas nicht« ist ein branchenübergreifender Mythos, der dazu führt, dass das Thema nicht angegangen wird. Aber warum ist das Arbeitsumfeld so wichtig? Die kurze Antwort ist: Weil wir Menschen soziale Wesen sind und wir uns, wenn auch unbewusst, stark an Meinungen und Urteilen anderer Menschen orientieren, wenn wir Situationen einordnen. In Bezug auf Belästigung heißt das, dass das Ausmaß, in dem sich Betroffene selbst die Schuld für eine Belästigung geben, maßgeblich von den Reaktionen aus dem Umfeld abhängt. Dieses »Sich selbst die Schuld geben« bezeichnet man in der Forschung als »self-blame«. Gemeint ist, dass jemand den Grund für die Belästigung in sich selbst sucht. Es entsteht das Gefühl, Kompromisse eingehen zu müssen, sich für die eigenen Werte entschuldigen und das eigene Verhalten überwachen zu müssen. Man minimiert dabei sogar die Erfahrung der sexualisierten Belästigung selbst und lädt die ganze Schuld auf sich. Das kann auf den eigenen Charakter (»Mir passiert ständig so was«) oder auf das eigene Verhalten (»Ich hätte mehr aufpassen müssen«) bezogen sein. Wie stark sich Betroffene selbst verantwortlich machen, hängt dabei von persönlichen Vorbedingungen wie Charaktereigenschaften oder dem Selbstwert ab, aber eben auch von den Reaktionen des Umfelds. Im Grunde interagieren Betroffene mit der sozialen Welt, und diese vermittelt ihnen explizite und implizite Botschaften darüber, wie sie Belästigung verstehen und wen oder was wir dafür verantwortlich machen sollten.

Obwohl **Dalia** (sie/ihr) viel Berufserfahrung hat – in ihrem vorherigen Job hat sie bereits eine ganze Abteilung aufgebaut und geleitet –, fängt sie bei einer der größten Unternehmensberatungen Deutschlands auf Einstiegslevel an. Sie ist 25 Jahre alt. Die Strukturen in der Unternehmensberatung sind starr hierarchisch. Es gibt kaum weibliche Partnerinnen.

Wie die meisten Unternehmensberatungen zu dieser Zeit akquiriert auch Dalias Arbeitgeber vermehrt Mitarbeiter aus Agenturen, um andere Geschäftsfelder bedienen zu können. Leider scheitert die Integration dieser Menschen regelmäßig, da die kulturelle Differenz zu hoch ist. Auch Dalia fühlt sich in diesem sehr weißen, konservativen Umfeld fehl am Platz. Sie fühlt sich anders als alle, die dort sonst arbeiten, und versucht sich anzupassen. Ihren Afro versucht sie, zu »bändigen«, und auch ihre Kleidung passt sie an, zieht sich spießiger an, als sie es sonst tut. Schnell bemerkt sie, wie über Frauen gesprochen wird, die neu in die Firma kommen. Es ist ganz normal, dass ihr Aussehen bewertet und darüber gesprochen wird, wer »voll das Gerät« ist. Frauen, die in Elternzeit gehen, werden abgewertet. Nach der Arbeit wird regelmäßig ausgiebig getrunken. Dabei werden wichtige Verbindungen unter Kolleg:innen hergestellt. Wer viele Shots trinkt, wird gelobt, die Abende eskalieren schnell. Immer wieder stellt jemand an solchen Abenden Dalia ungefragt Getränke vor die Nase und drängt sie, zu trinken. Mitzukommen ist eine unausgesprochene Regel, wer dazugehören will, trinkt.

Dalias Chef ist bei diesen Abenden immer vorne mit dabei. Er ist ein hohes Tier, das zeigt er auch gerne. Sein Führungsstil ist unvorhersehbar. Oft verhält er sich cholerisch, wertet andere auf und dann wieder ab. Auf Lobeshymnen folgt harsche Kritik. Dabei rastet er regelmäßig aus, schreit Angestellte aufgrund von Lappalien vor versammelter Mannschaft an, fragt, ob sie dumm seien. Sich selbst beweihräuchert er hingegen gerne, am liebsten erzählt er seinen Mitarbeitenden von seinem Vermögen.

An einem gewöhnlichen Wochentag geht es mal wieder in die Stammbar, und wie immer wird exzessiv getrunken. Auf einmal sind nur noch Dalia und ihr Chef da. Der beginnt plötzlich, ungeniert ihr Aussehen und Auftreten zu kommentieren. Wie schön sie doch sei und was sie für ein hübsches Lächeln habe. Das macht sie verlegen, und sie weiß nicht, was sie sagen soll, wie sie darauf reagieren kann. Sie möchte ihn nicht zu sehr vor den Kopf stoßen. Er hat bereits mehrfach klargemacht, dass sie darauf angewiesen ist, dass er ihr gegenüber positiv eingestellt ist, wenn sie beruflich weiterkommen möchte. Sie möchte der Situation entfliehen und nach Hause fahren, er besteht jedoch darauf, sie zur Haltestelle zu bringen. Dort angekommen, zückt er seine Kreditkarte und fragt: »Wollen wir uns jetzt nicht lieber ein Hotelzimmer nehmen?« Sie ist maximal verwirrt, lehnt ab, doch er gibt nicht auf und macht ihr weiter Komplimente, deutet mit Gesten an, dass er sie küssen will. Er sagt, dass er darauf bestehe, gemeinsam ein Taxi zu nehmen. Sie ist überfordert, traut sich aber auch nicht, ihren Chef noch mehr vor den Kopf zu stoßen, als sie es ohnehin schon getan hat. Obwohl sie in unterschiedliche Richtungen müssen, steigt sie mit ihm ins Taxi. Auf dem Weg nähert er sich ihr weiter. Am nächsten Morgen schreibt er ihr noch mal, was das für ein schöner Abend war und dass sie besser ins Hotelzimmer gegangen wären. Dalia ist speiübel. Sie spürt die Angst im ganzen Körper. Sie hat Panik, geht aber trotzdem noch einen halben Tag ins Büro. Dort hält sie es kaum aus und geht früher nach Hause. Zwischendurch denkt sie, dass sie sich das alles nur eingebildet habe. Doch auch in den darauffolgenden Wochen entstehen immer wieder Situationen, in denen ihr Chef versucht, sie von den anderen zu trennen und Situationen zu zweit zu schaffen. Er redet Dalias Partner schlecht und schlägt immer wieder vor, dass die beiden eine Affäre beginnen sollten. Ihre wiederholte Zurückweisung scheint er dabei nicht wahrzunehmen, oder sie ist ihm schlichtweg

egal. Das Verhalten ihres Chefs ist schelmisch, er hält sich offensichtlich die Möglichkeit offen, dass das doch vielleicht alles nur ein Witz ist, was das Ganze viel schlimmer macht, denn Dalia weiß dadurch überhaupt nicht mehr, wie sie darauf reagieren soll, was sie denken soll. Sie fragt ihn, was denn seine Frau dazu sagen würde, wenn sie ihr von seinem Verhalten erzählen würde. Das ist das einzige Mal, dass er etwas ins Schwanken kommt. Die Kolleg:innen wissen, wie sich ihr Chef verhält, nur scheint das niemanden zu stören. So ein Verhalten gehört halt dazu. Wer das nicht packt, muss gehen. Einmal bekommt eine Kollegin mit, dass er sich viel zu nah an sie ran stellt und seinen Arm um sie legt. Das ist das einzige Mal, dass ihr jemand aus einer Situation hilft. Die Kollegin rät ihr mit Nachdruck, sich von ihm fernzuhalten.
Nach einigen Zurückweisungen beginnt Dalias Chef, ihre Arbeit zu kontrollieren. Er übt Einfluss aus, wie er es zuvor nicht getan hat, kritisiert sie und ihre Arbeitsweise deutlich härter. Sie fühlt sich immer unwohler und sucht das Gespräch mit ihm. Seine schnippische Reaktion darauf, dass sie sich nicht mehr wohlfühle, besteht darin, ihr zu raten, am besten zu kündigen. Wer zweifelt, kann gehen, sagt er. Am Wochenende schreibt er ihr privat und drängt sie dazu, ihre Kündigung einzureichen. Schließlich kündigt Dalia mit dem Gefühl, dass ihr fachlicher Wert für das Team nie richtig wahrgenommen wurde. Sie fragt sich, ob er ihre Kompetenz nicht sehen wollte, weil sie nicht mit ihm ins Bett gegangen ist. Etwas gegen die Belästigung zu unternehmen, kommt ihr nicht in den Sinn. Sie behält die Geschichte für sich. Sie weiß zu dieser Zeit nicht, wie Belästigung aussehen kann, schließlich hat er sie nicht intim berührt. Sie denkt, dass sie selbst schuld sei, weil es ihr nicht gelungen ist, sich aus den Situationen zu befreien und weil »Männer nun mal so sind«.

Heute weiß sie, dass diese Unternehmensberatung, unabhängig von ihrem Chef, einfach kein Umfeld für sie war. Sie kann nicht an einem Ort arbeiten, an dem ihr Talent weniger geschätzt wird als ihr Aussehen. Die Zeit dort und das degradierende Verhalten ihres Chefs beschreibt sie als traumatisierend. Ihr Leben lang war sie anders, hatte immer das Gefühl, nicht ganz dazuzugehören. An wenig anderen Orten wurde dieses Gefühl so sehr befeuert wie an diesem Arbeitsplatz. Das Schlimmste in dieser Zeit waren für Dalia die dunklen Gedanken. Teilweise sind die sogar noch da, wenn sie die Geschichte erzählt, obwohl sie inzwischen glücklich und beruflich äußerst erfolgreich ist. Doch bis heute gibt es Anteile in ihr, die sich selbst die Schuld geben. Wieso ist sie mit ihm in dieses Taxi gestiegen? Wieso hat sie sich ihm gegenüber weiterhin freundlich verhalten? Dass sie als Arbeitnehmerin auf die Gunst ihres Chefs angewiesen war, dass er Macht über ihre berufliche Zukunft hatte, dass er deutlich älter war als sie, versteht sie heute zwar. Das Gefühl der Erniedrigung und dass sie vielleicht am Ende selbst das Problem war, dass sie sich falsch verhalten hat und sein Verhalten irgendwie hätte unterbinden können, bleibt jedoch hartnäckig.

In der Geschichte von Dalia finden sich zahlreiche Elemente, die charakteristisch für Belästigung sind. Immer wieder höre ich von Betroffenen, dass sie sich selbst mehr in die Verantwortung für das Erlebte ziehen als ihre Belästigenden. In welcher Abhängigkeit sie sich befinden, davon, dass ihr Belästiger und das restliche Arbeitsumfeld ihnen wohlgesonnen sind, vergessen sie dabei oft. Sie ergreifen kaum Partei für sich selbst, obwohl sie leiden. Das führt dazu, dass sie eher ihren Job wechseln, als für sich einzustehen. Oft müssen Belästigende nicht mal viel dafür tun, Betroffene mundtot zu machen. Die Stimmen in ihrem Kopf, die sich selbst die Schuld für alles geben, regeln das schon. Dalias Chef, der seinen eigenen Status und seine Macht gerne vor ihr und allen anderen betonte, sorgte aber auch auf anderem Wege dafür, dass ihr ihre Position bewusst wurde. Dass sie sich noch abhängiger von seinem Wohlwollen fühlte als ohnehin schon. An einem Tag machte er ihr Komplimente für ihre Arbeit oder ihr Aussehen, am nächsten Tag kontrollierte er sie, wertete sie ab, sagte ihr, dass sie besser kündigen sollte. Für sie war nicht nachvollziehbar, wann sie welcher Seite von ihm ausgesetzt sein würde. Sobald sie ihn zurückwies, wurde alles nur noch schlimmer, weshalb ihr die Zurückweisung nachvollziehbar schwerfiel.

Starke, kaum nachvollziehbare und oft unangemessene Wechsel aus Auf- und Abwertungen sind typisch für Belästigende. Oder wie mein ehemaliger Chef einmal sagte: Man müsse inkonsistente Reize setzen, so mache man sie alle von sich abhängig. Er bezog sich hierbei auf ein Prinzip aus der Lernpsychologie, das sich *intermittierende Verstärkung* nennt. Intermittierende Verstärkung ist, wenn Menschen, vereinfacht gesagt, ganz unregelmäßig und unvorhersehbar mal für etwas bestraft und mal belohnt werden. Im Gehirn löst intermittierende Verstärkung eine verstärkte Freisetzung von Dopamin aus, einem Neurotransmitter, der mit Belohnung und Motivation verbunden ist. Da die Belohnung nicht vorhersehbar ist, wird das Belohnungszentrum im Gehirn ständig aktiviert, was zu einem verstärkten Verlangen und einer größeren Hoffnung auf »das Gute« der Person führt. Verhält sich also jemand heiß / kalt, wird das Gehirn ganz automatisch abhängig von der Gunst dieser Person. Weil es ständig hofft, dass doch bitte endlich wieder das Positive eintritt. Das gilt für toxische Beziehungen im Privaten ebenso wie für Arbeitsbeziehungen, unser Gehirn unterscheidet da nicht.

Dalias Arbeitsumfeld ist nicht nur keine Stütze für sie, es macht alles noch deutlich schlimmer. Denn niemand wendet sich gegen ihren Chef, obwohl sein Verhalten weitestgehend bekannt ist. Das gibt Dalia immer wieder das Gefühl, dass alles gar nicht so schlimm sei. Dass nach der Arbeit ausgiebig getrunken wird und mittrinkt, wer dazugehören will, zeigt, wie traditionell männlich geprägt Dalias Arbeitsumfeld ist. Dieses Ritual wird traditionell genutzt, um Allianzen unter Männern zu formen. Menschen, die sich an unbezahlter Hausarbeit und Kinderversorgung beteiligen, werden hier kaum mitgehen können. Und das sind in der Regel Frauen, denn die leisten in Deutschland im Schnitt 36 Stunden mehr unbezahlte Arbeit pro Monat als Männer,[68] was das Feierabendbier zum Vernetzen zeitlich schwieriger macht. Dalia geht zwar mit in die Bar, das Ganze zahlt sich aber nicht so aus, wie das vielleicht bei einem männlichen Kollegen der Fall gewesen wäre. Ihr Chef belästigt sie, und nach ihrer Zurückweisung tut er so, als ob nichts passiert wäre. Auch später tut er immer wieder so, als würde er nur Witze machen. Eine Form der Belästigung, die das »Was stellst du dich denn auch so an?«-Gaslighting gleich mitliefert. Denn wer nur Witze macht, hat das sicher spätestens dann alles nicht so gemeint, wenn sich die andere Partei beschwert.

Nils (er/ihm) ist in einem großen amerikanischen Konzern für Konsumgüter beschäftigt. Unter anderem werden dort Haushaltsartikel und Beautyprodukte hergestellt. Kurz nach Beginn seiner Anstellung kommt ein neuer Kollege ins Team. André stammt aus Frankreich. Die beiden verstehen sich gut, weshalb sie sich einmal auch außerhalb der Arbeit treffen und sich austauschen. Schon bei dem Treffen und durch den Austausch auf WhatsApp merkt Nils, dass André Interesse an ihm hat. Ihm selbst ist André zu dem Zeitpunkt sympathisch, eine berufliche Professionalität ist ihm aber wichtiger. Doch dann passiert etwas völlig Unerwartetes.

Bei einem größeren Meeting am nächsten Tag beginnt der Kollege plötzlich, Nils unter dem Tisch anzufassen. Eine unangenehme und schockierende Situation, besonders weil sich die beiden im beruflichen Umfeld befinden. Nils ist perplex und weiß nicht, wie er reagieren soll. Die Situation im Meeting gibt es nicht her, André zurückzuweisen, ohne dass alle etwas merken würden. Nils ist wie eingefroren und überfordert. Er versucht, das Meeting einfach durchzuziehen. Eine Kollegin scheint zu bemerken, was da vor sich geht, schreitet aber nicht ein. Auch dass die Kollegin etwas bemerkt, ist Nils sehr unangenehm, deshalb spricht er sie nach dem Meeting darauf an. Er fragt, ob sie etwas bemerkt hat und nach ihrer Meinung zu der Belästigung. Dabei offenbart er sich und sagt, dass er die Berührungen seines Kollegen nicht wollte, dass er sich sehr unwohl gefühlt hat, besonders in diesem Arbeitsumfeld. Ihre Reaktion daraufhin ist kühl. Sie sagt, Nils hätte es besser eskalieren lassen, wenn er sich unwohl gefühlt habe. Dann sagt sie, dass das Ganze ohnehin Nils' persönliche Angelegenheit sei. Er solle das mit dem Kollegen klären, sie fände das Ganze sehr seltsam. Nach dem Gespräch mit der Kollegin fühlt sich Nils noch unwohler, er weiß nicht, wie er weiter vorgehen soll. Es folgen einige Nächte des Nachdenkens, gefolgt von dem Entschluss, es seiner Chefin zu erzählen. Auch vor ihr ist ihm das Ganze sehr unangenehm. Er schämt sich dafür, überhaupt involviert gewesen zu sein. Die Chefin reagiert und sagt, das Ganze müsse sofort an die Personalabteilung weitergeleitet werden. Nach einigen Tagen

erfährt Nils durch seine Chefin, dass der Kollege die Situation ganz anders darstellt, dass sie sich jetzt die nächsten Schritte überlegen müssten. Wieder fühlt sich Nils verunsichert und frustriert, die Chefin wirkt, als glaube sie ihm nicht. Es beginnt eine mühsame Reise durch die bürokratischen Mühlen des Unternehmens. Nils spricht mit der Leiterin der europäischen Personalabteilung, die ihm mitteilt, dass aufgrund mangelnder Beweise keine weiteren Schritte unternommen werden könnten. Er fragt sich, warum er sich rechtfertigen muss, während sein Kollege separat befragt wird und einfach alles abstreitet. Die Situation wird komplizierter, als die Personalabteilung Zugang zu seinen Chats haben will. Nils lehnt ab, da es nicht um die Chats geht, sondern um das, was am Arbeitsplatz passiert ist.
Doch der Kollege behauptet, dass Nils seine Annäherungsversuche überinterpretiert habe, dass er überreagiere und außerdem selbst Signale gesendet hätte, die seine Handlungen legitimierten. Außerdem sagt der Kollege, Nils wolle seine Karriere ruinieren. Zu sehen, wie André versucht, die Schuld auf ihn abzuwälzen, ist frustrierend, doch Nils lässt sich nicht einschüchtern. Er betont immer wieder, dass er nicht für das Fehlverhalten seines Kollegen verantwortlich ist, und besteht darauf, dass dieser die Konsequenzen für sein eigenes Handeln tragen muss. Doch auch die Personalabteilung wirft ihm vor, dem Kollegen falsche Signale gesendet zu haben. Er soll die Situation selbst provoziert haben. Jetzt soll er beweisen, dass das nicht so war. Nils ist schockiert davon, dass ihm niemand zu glauben scheint, er fühlt sich ungerecht behandelt. Wie soll er die Situation unterm Tisch beweisen? Dass er vorher in freundlichem Kontakt mit André stand, stimmt, aber das ist doch kein Freifahrtschein, ihn mitten im Meeting gegen seinen Willen intim anzufassen.

Irgendwann entscheidet er sich dazu, keine weiteren Aussagen mehr zu tätigen.
Schließlich findet ein abschließendes Gespräch statt, bei dem Nils' Chefin, ihre Vorgesetzte und der Personalrat anwesend sind. Es wird beschlossen, dass aus rechtlichen Gründen keine weiteren Details bekannt gegeben werden können.
Als er später nachfragt, was als Nächstes passieren würde, sagt man ihm, dass ihn das nun nichts mehr angehe. Die Undurchsichtigkeit und dass die Angelegenheit einfach unter den Teppich gekehrt wird, versetzt Nils einen Stich, er beschließt, sich nicht weiter damit zu beschäftigen, und ist erleichtert, als sein Kollege das Team verlässt.
Die eigene Unsicherheit, die durch die Situation entstanden ist, bleibt aber bestehen. Das Gefühl, dass es sich nicht lohnt, Vorfälle zu melden. Letztendlich entscheidet er sich dazu, das Unternehmen zu verlassen, da er sich dort nicht mehr wohlfühlt. Ein schmerzhafter Abschied, und trotzdem der einzige Weg, die eigene Integrität zu bewahren. Obwohl es auch noch andere Gründe für seinen Weggang gibt, sind die Belästigung und der Umgang des Unternehmens damit einer davon.
Die Erfahrung bringt Nils dazu, Dynamiken am Arbeitsplatz und seine Rolle darin zu hinterfragen. Heute sagt er, dieser Vorfall habe ihn nachhaltig geprägt, ihm gezeigt, dass sexualisierte Belästigung überall vorkommen kann und dass eine Reaktion im Arbeitskontext sehr schwierig sei, wenn man seine Professionalität wahren möchte. Deshalb ist es wichtig, dass Unternehmen angemessene Maßnahmen ergreifen, um solche Vorfälle zu verhindern und zu bekämpfen. Aus dem Grund führt er auch dieses Interview mit mir. Das Unternehmen, in dem Nils beschäftigt war, ist riesig, mehrere Tausend Mitarbeiter:innen sind dort beschäftigt. Die ent-

sprechenden Strukturen für Belästigung haben ihn trotzdem nicht geschützt.

Rückblickend sagt er, dass die Reaktion des Unternehmens auf den Vorfall fast schlimmer war als die ursprüngliche Erfahrung selbst. Und trotzdem veranlasst die Erfahrung ihn nicht dazu, das Unternehmen selbst zu verurteilen. Denn die Kultur und Atmosphäre eines Unternehmens werden größtenteils von den Menschen geprägt, die dort arbeiten. Deshalb ist er der Meinung, dass Veränderung von innen heraus gestaltet werden muss. Er weiß heute, wie wichtig es war, dass er den Vorfall angesprochen hat, auch wenn das unbequem war. Damit das Problem irgendwann nicht mehr ignoriert werden kann. Er sagt: »Ich hoffe, dass diejenigen, die jetzt und in Zukunft in ähnlichen Positionen sind wie ich, in der Lage sein werden, positive Veränderungen herbeizuführen. Ich selbst bin mittlerweile 36 Jahre alt und möchte nie wieder in diese Situation geraten. Dennoch möchte ich dazu beitragen, dass sich die Dinge verbessern, und nicht einfach nur darauf hoffen, dass alles von selbst passiert.«

Ich beobachte das auch immer wieder in meiner Arbeit bei *#metooscience*: Betroffenen geht es – dem öffentlichen Narrativ entgegen – nicht darum, Belästigende zu bestrafen, um Rache auszuüben. Sie wollen vielmehr, dass das Verhalten aufhört, sie wollen die Wahrheit aussprechen dürfen, dass jemand ihre Grenzen überschritten hat, sie wollen in Ruhe ihrem Job nachgehen können und zukünftig geschützt werden. Auch Nils wollte zunächst einfach nur erzählen, was ihm passiert war. Seine Chefin war jedoch skeptisch und leitete das Ganze direkt an die Personalabteilung weiter. Der Umgang seitens der Personalabteilung orientierte sich an der strafrechtlichen Definition von Belästigung, sodass es direkt um Beweislast, Schuld und Strafe ging. Was Nils sich in der Situation eigentlich wünschte: dass ihm geglaubt wird, er gefragt wird, was er braucht, um sich zukünftig sicher zu fühlen, und dass jemand André klarmacht, dass das Unternehmen dieses Verhalten nicht toleriert. Ein solch niedrigschwelliger Umgang ist aber nur möglich, wenn Arbeitgebende ein allgemeines Bewusstsein dafür schaffen, was Belästigung ist und welche Konsequenzen sie hat. Klar ist es ist nicht schön, Vorwürfe über Kolleg:innen zu hören, aber warum misstrauen wir Betroffenen so sehr, wenn es doch, statistisch gesehen, so viel wahrscheinlicher ist, dass sie die Wahrheit sagen?

Das folgende Statement habe ich vom Sirens Collective, einer Website, die Belästigungsfälle sammelt und archiviert: »Sie wissen nicht, wie das ist, die Angst zu erleben, wenn ich wiederkehre, dass ich retraumatisiert werde oder akut neu traumatische Erfahrungen durchmachen könnte. Also unterstützt mich, statt zu urteilen. Und diese Unterstützung bedeutet einfach, nicht über mich zu urteilen.«

Nils' Kollegin hat sich später noch aufrichtig dafür entschuldigt, was er durchmachen musste und dass sie ihm nicht geglaubt hat. Die beiden haben sogar ausgiebig über die traurige Realität diskutiert, dass solche Vorfälle in der Regel ignoriert oder verharmlost werden. Es war ein wichtiger Moment der Solidarität, der ihm half, mit der Situation umzugehen, und ihn daran erinnert hat, dass er nicht allein war. Solche Momente sind wichtig. Denn wir müssen nicht jedes Mal mit der juristischen Schuld-Keule kommen, um anzuerkennen, dass sich belästigende Verhaltensweisen auf die Psyche und Arbeitsmotivation auswirken.

Für Nils war die Undurchsichtigkeit des Unternehmens und der Umgang mit allem fast schlimmer als die Belästigung selbst. Das ist typisch und sendet Betroffenen das Signal, dass sie besser über ihre Erfahrungen schweigen sollten, da alles andere unkontrollierbare Prozesse hervorruft, die sich negativ auswirken. Auch meine Kolleginnen und ich haben nie ein offizielles Schreiben oder eine Aufklärung über den Ausgang des Verfahrens erhalten, in dem wir immerhin als Hauptzeuginnen geladen waren. Als wir nachfragten, sagte man uns, dass wir ja auf der Website der Universität nachschauen könnten, ob unser ehemaliger Chef noch da sei. All das hinterließ das Gefühl, dass wir völlig umsonst die Bürde einer Beschwerde mitsamt dem retraumatisierenden Verfahren auf uns genommen hatten. Deshalb ist Transparenz in Beschwerdeverfahren so unglaublich wichtig.

Was aber macht ein gesundes Arbeitsklima aus? Denn die Forschung zeigt auch, dass Organisationen Belästigung hemmen und reduzieren können, wenn sie sich darum bemühen. Wird anstößiges Verhalten nicht toleriert, kann Belästigung sogar bei Personen gehemmt werden, die eigentlich dazu neigen.[65] Ein gesundes Arbeitsklima ist eins, in dem es sichtbare Anlaufstellen und funktionierende Maßnahmen gegen Belästigung und andere Formen der Diskriminierung gibt. Diese Maßnahmen müssen wirksam und transparent für alle sein. Vor allem ist ein gesundes Arbeitsklima eins, in dem die Menschen, die dort arbeiten, das Problem der Geschlechterdiskriminierung anerkennen, besonders die Führungspersonen. Indem Zuständige das Problem anerkennen und sich mit den strukturellen Hebeln von Belästigung auseinandersetzen, entsteht das Bewusstsein, dass sich etwas ändern muss. Und damit meine ich nicht, dass Unternehmen Diversity-Statements auf ihre Website stellen, im Zweifel aber nicht mal ein ordentliches Beschwerdemanagement haben, wenn dann etwas passiert. Ich meine damit, dass Konsens darüber geschaffen werden muss, dass Verhalten, das Menschen aufgrund ihres Geschlechts herabwürdigt oder demütigt (frauenfeindliche »Witze« zum Beispiel), nicht toleriert wird.

Nils' und Dalias Geschichten zeigen, dass sogenannte »Allies«, also Menschen, die auf die eine oder andere Art Wind von der Sache bekommen und Betroffene im besten Fall unterstützen, eine große Rolle spielen. Wie wäre es den beiden ergangen, wenn ihre Kolleg:innen etwas gesagt hätten, als sie das Verhalten ihrer Belästiger mitbekommen haben? Wenn sie nachgefragt hätten, statt sich zu distanzieren, vor lauter Angst, etwas falsch zu machen? Ich habe mal mit einer Betroffenen gesprochen, deren Chef mitbekommen hatte, dass sie als Zeugin zu einer Vernehmung eingeladen wurde, um über einen belästigenden Kollegen auszusagen. Sein Rat daraufhin: »Jetzt musst du wirklich ganz genau aufpassen, was du sagst. Das wird dich sonst deine gesamte Karriere kosten.« Er wusste zu dem Zeitpunkt nicht, dass sie selbst unangenehme Erfahrungen mit dem besagten Herrn gemacht hatte. Es handelt sich hier also um einen äußerst schlechten und unaufgeklärten Ally. Er hat mit seinem Rat ihre Ängste bestärkt, sie dazu ermutigt, ihre Erfahrung runterzuspielen und ihren wahren Eindruck von der Situation zurückzuhalten. Kurz danach hat sich diese Betroffene beruflich komplett umorientiert, sie fühlte sich einfach nicht mehr wohl in dieser Arbeitsumgebung.

Durch meine Arbeit habe ich mit vielen Allies gesprochen, auch mit welchen, die sich in der Vergangenheit in solchen Situationen anders verhalten haben, als sie es sich selbst gewünscht hätten. Die meisten sagen, dass sie sich in der Arbeitskultur selbst nicht wohlfühlten, in der sie Belästigungen beobachteten. Dass sie Angst hatten, ihre eigenen Arbeitsbeziehungen zu riskieren, wenn sie sich positionierten. Dass sie nicht wussten, wie Belästigung aussehen kann oder dass sie Täter:innen gegenüber Mitleid empfanden. Ich verstehe all diese Punkte. Nur sollten wir Mitgefühl vor allem für Betroffene aufbringen, denn sonst bewerten wir ihr Wohlbefinden und ihre Karrieren niedriger als die der Belästiger:innen. Und immerhin wissen wir ja aus der Forschung, wie sich Belästigung auf Psyche und Arbeitszufriedenheit auswirkt. Meistens belästigt eine belästigende Person viele andere Menschen. Wessen Karriere wollen wir schützen?

In einer meiner Studien habe ich herausgefunden, dass die meisten potenziellen Allies denken, dass sie Täter:innen in der Situation selbst konfrontieren müssten, um gute Allies zu sein. Das kann eine Art von Allyship sein, es gibt aber noch viele andere Wege. Sich am Arbeitsplatz gegen Belästigung und Diskriminierung einzusetzen, sich zu positionieren und für Aufklärung zu sorgen, sind andere. Vorfälle selbst zu melden, grenzwertige Situationen zu unterbrechen, Betroffenen persönliche Unterstützung anzubieten oder ihnen einfach zu glauben, sind weitere Wege.

Ein unaufgeklärtes Arbeitsumfeld kann also sehr schädlich sein, wenn es Betroffenen die Schuld für das zuschreibt, was sie erleben. Sind zuständige Anlaufstellen nicht aufgeklärt, ist das besonders schädlich. Dann sind Betroffene mit Mythen konfrontiert, die ihr Erleben relativieren und sie entmutigen, über ihre Erfahrungen zu sprechen, wodurch sich ein System festigt, das immer wieder denselben Personen Macht erteilt. Mit aufgeklärten Führungskräften und Mitarbeitenden, die sich als Allies verstehen, lässt sich dieses System aber von innen heraus verändern. Wer möchte schon in einem toxischen Umfeld arbeiten? Es ist also im Interesse der Unternehmen selbst, den Wandel hier voranzutreiben.

Brauchen wir neue Gesetze?

Wie kann es sein, dass sexuelle Belästigung am Arbeitsplatz theoretisch gem. § 7 Allgemeines Gleichbehandlungsgesetz (AGG) verboten ist, praktisch aber selten Konsequenzen für belästigende Personen oder Arbeitgeber hat? Wieso haben so viele Betroffene das Gefühl, nicht geschützt zu werden? Welche Gesetze und Regelungen helfen mir als betroffener Person einer sexuellen Belästigung am Arbeitsplatz und welche präventiven Schutzmöglichkeiten gibt es und wo finde ich in einer akuten Notsituation Ansprechpartner:innen? Das alles sind Fragen, die in mir – als juristische Laiin – brodelten, als ich mich mit Jessica Mathieu treffe. Sie ist Anwältin und hat sich auf Diskriminierungsfragen spezialisiert, vor allem auf sexuelle Belästigung am Arbeitsplatz. Mit ihr spreche ich über all jene Formen von Belästigung, die nach juristischer Definition untersagt sind.

Franziska: Jessica, ich falle mal direkt mit der Tür ins Haus: Wie kann es sein, dass sexuelle Belästigung am Arbeitsplatz zwar theoretisch verboten ist, praktisch aber selten Konsequenzen für belästigende Personen oder Arbeitgeber hat?

Jessica: Das liegt daran, dass sich die allerwenigsten Betroffenen überhaupt wehren, und wenn sie sich wehren, erfahren sie *Victim Blaming*, was sie entmutigt. Die angemessene Konsequenz wäre natürlich eine sofortige Kündigung oder eine Versetzung, um die Sicherheit der Belästigten zu gewährleisten, um sie zu schützen, aber in der Realität passiert nichts davon. Viele Arbeitgeber erfüllen die Vorgaben nach dem AGG, z. B. die Einrichtung einer Beschwerdestelle, nicht. Außerdem befürchten sie, dass Verfahrenskosten auf sie zukommen, und sind in der Regel hinsichtlich des Ablaufs und der Prozesskosten oder Verfahrenskosten nicht richtig informiert. Oft merken Betroffene außerdem nicht einmal, was mit ihnen passiert und dass sie sexuelle Belästigung am Arbeitsplatz erfahren. Sie merken dann meistens nur, dass sie leiden, beziehen das Ganze aber auf sich selbst. Dass Belästigung kaum Konsequenzen für Belästigende hat, hat viele Gründe auf unterschiedlichen Ebenen, die alle darauf hinauslaufen, dass es an Aufklärung mangelt.

Franziska: Arbeitgebende erfüllen also ihre Pflichten nach dem AGG oftmals nicht. Bedeutet das, dass Betroffene gegen ihre Arbeitgeber vorgehen sollten, wenn sie die bestehenden Gesetze nicht umsetzen?

Jessica: Zunächst einmal sollte eine betroffene Person die sexuelle Belästigung schriftlich gegenüber Arbeitgeber:innen anzeigen. Wenn diese gar nicht oder nicht angemessen reagieren, machen sie sich grundsätzlich schadensersatzpflichtig. Realität ist aber, dass sich Betroffene zumeist viel zu sehr schämen für das, was ihnen widerfahren ist, und sie wissen, dass die Beweislast eine zu hohe Hürde darstellt, um einen Prozess zu gewinnen.

Franziska: In der Gesellschaft herrscht oft eine Täter-Opfer-Umkehr, die ja auch ein bekanntes psychologisches Phänomen bei Gewalt ist. Vom Narrativ des rachsüchtigen Opfers sollten wir uns also endlich verabschieden?

Jessica: Definitiv. Solche Narrative befeuern Vorurteile gegen Frauen, und das damit verbundene *Victim Blaming* führt dazu, dass Betroffene lieber über das schweigen, was ihnen widerfahren ist. Es ist unglaublich, wie wenig Solidarität Betroffene von sexueller Gewalt erfahren. Oftmals schwingt die Befürchtung mit, die Opfer könnten lügen. Der Grundsatz »Im Zweifel für den Angeklagten« scheint in unserer Gesellschaft nur für Täter, nicht aber für Betroffene zu gelten. Für sie werden von der Gesellschaft härtere und höhere Hürden gestellt, um ihrer Beweislast nachzukommen, obwohl beispielsweise das AGG die Beweislast für Betroffene erleichtert. Danach müssen sie nur ein Indiz vorbringen, dass sie Opfer einer sexuellen Belästigung am Arbeitsplatz geworden sind. Ähnlich ist es mit dem Narrativ des »Hochschlafens«.
Deshalb ist es so wichtig, dass sich das gesamtgesellschaftliche Bewusstsein in Bezug auf das Thema ändert. Wie schlecht die Lage aktuell für Betroffene ist, zeigt sich auch darin, dass viele Personal- und Betriebsräte oder Mitarbeitervertretungen wirklich schlecht aufgestellt sind, was das Thema betrifft. Sie besuchen selten eine Schulung zu diesem Thema und bilden sich selbst auch nicht weiter. Arbeitgeber behaupten oft, dass sexuelle Belästigung kein allgemeines Schulungsthema für Betriebsräte sei, sondern Spezialwissen und lehnen die Kostenübernahme mit diesem Argument ab. Diese Aussage ist falsch – das allgemeine Gleichbehandlungsgesetz (AGG) ist Teil des Arbeitsrechts und damit ein allgemeines Schulungsthema. Betriebsräte sollten das eigent-

lich wissen. Ähnlich ist es beim Thema Rassismus. Rassismus und sexuelle Belästigung am Arbeitsplatz sind eigentlich die größten Bereiche im AGG, trotzdem widmen Betriebsräte sich beidem kaum.

Franziska: Wie kann sich das ändern?

Jessica: Ich denke, dass sich Personal- und Betriebsräte oder Mitarbeitervertretungen besser aufstellen und endlich anerkennen müssen, dass sie laut AGG dazu verpflichtet sind, ihre Mitarbeitenden hinsichtlich des Themas sexuelle Belästigung am Arbeitsplatz aufzuklären und zu schützen.

Franziska: Dabei könnte vermutlich öffentlicher Druck helfen. Die Mythen rund um das Thema sollten wir mit Fakten ersetzen. Wir müssen endlich offen sprechen und darüber aufklären, was Belästigung umfasst, was sie begünstigt und welche Konsequenzen sie für Betroffene hat – etwas, das die psychologische Forschung schon lange weiß.

Jessica: Genau. Ich denke, die gesetzlichen Grundlagen sind weitestgehend vorhanden. Einige Bundesländer, wie Berlin und nun auch Rheinland-Pfalz, haben zusätzlich spezifische Landesantidiskriminierungsgesetze. Es wäre natürlich toll, hätte jedes Bundesland ein solches Gesetz.

Franziska: Es ist sehr gut, dass Arbeitgeber:innen da mehr in die Verantwortung genommen werden. Was würdest du Betroffenen raten? Wie können die sich am besten schützen?

Jessica: Es ist wichtig, Diskriminierungsfälle so gut es geht zu dokumentieren, Bilder zu machen, Zeug:innen zu benennen und innerhalb von zwei Monaten eine Beschwerde beim Arbeitgeber einzureichen. Das bedeutet auch, so früh wie möglich Zeug:innen dazuzuholen. Also mit Vertrauten über das zu sprechen, was passiert ist. Mails zu schreiben, die das Erlebte dokumentieren. Es zahlt sich später aus, das Ganze so detailgetreu wie nur möglich zu dokumentieren, am besten mit Datum und Uhrzeit. Hilfreich dafür ist die App »No Stalk« vom Weißen Ring, die für Opfer von Stalking entwickelt wurde und hilft, Beweise zu sammeln. Dadurch wird die Dokumentation erleichtert. Die Dokumentation mittels dieser App ist vor Gericht als Beweismittel anerkannt und grundsätzlich verwertbar. Außerdem bietet die Antidiskriminierungsstelle des Bundes eine kostenlose Rechtsberatung für Diskriminierungsfälle an. Betroffene können dort ihre Fälle schildern, die in die Statistik aufgenommen werden können. Das ist gut, um erst mal eine Idee zu bekommen, was überhaupt passiert ist. »Ist wirklich ein Recht verletzt worden?«, »Bin ich hier Opfer einer Straftat oder eines zivilrechtlichen Schadens geworden?«, »Was sind meine Aussichten?« und so weiter.

Franziska: Was möchtest du Betroffenen mitgeben?

Jessica: Vernetzet euch und sprecht mit Stellen, die das Erlebte einordnen, ohne ein Gefühl von Schuld zu vermitteln. Stellen wie die Antidiskriminierungsstelle des Bundes und *#metooscience* können helfen, alles neutral einzuordnen. Auf keinen Fall sollte das Ganze einfach ertragen werden. Denn so ein Verhalten hört in der Regel nicht auf. Im Gegenteil, oft wird es mit der Zeit eher schlimmer, und in unserer heutigen Arbeitswelt muss man eine sexuelle Belästigung nicht mehr aushalten und darüber schweigen. Durch den

Fachkräftemangel und den demografische Wandel stehen Arbeitgebende noch mehr als zuvor unter Druck, gute Arbeitnehmer:innen zu halten und ein angenehmes und gutes Betriebsklima zu schaffen.

Das Gespräch mit Jessica hat mir gezeigt, dass die Misere viele Gründe auf unterschiedlichen Ebenen hat, die alle darauf hinauslaufen, dass es an Aufklärung mangelt. Darüber, wie es zu Belästigung kommt und wie sie wirkt. Mythenbehaftete Bilder von Belästigung prägen bereits die individuelle kognitive Ebene, also: Wie ordne ich etwas überhaupt ein? Dann prägen solche Bilder auch die Interaktion mit anderen, also: Wen beziehe ich mit ein? Wem gegenüber öffne ich mich mit diesem schambehafteten Thema? Welche Allies ziehe ich mir zur Unterstützung heran? Und dann natürlich: Welche Anwält:in ziehe ich heran? Versteht die, dass Belästigung nichts mit Flirten zu tun hat und dass der kurze Rock nicht der Grund für Belästigung sein kann? Oder entmutigt die mich, indem sie mir am Ende doch die Schuld für meine Erlebnisse zuschreibt? Und letztendlich: Wie aufgeklärt ist das Gericht (die Richterin oder der Richter), vor dem ich mein Verfahren führe? Hat die Person Weiterbildungen besucht?

Wie informiert all diese Menschen in Bezug auf geschlechtsbezogene, aber auch grundsätzlich in Bezug auf soziale Diskriminierung sind, entscheidet maßgeblich, wie Fälle von Belästigung ablaufen. Das alles hängt vom gesellschaftlichen Klima ab. Denn auf jeder dieser Ebenen können Betroffene entmutigt werden. Nicht alle Gesetze geben wieder, wer wir sind. Im Rahmen der praktischen Umsetzung dieser Gesetze wird vielmehr sichtbar, wo die Macht liegt, welche Position (die der betroffenen Person oder die der belästigenden Person?) besser geschützt ist. Gesetze können unterschiedlich ausgelegt werden. Wem das zugutekommt, hängt von den vorherrschenden Narrativen ab. Wir dürfen nie vergessen: Auch Gesetze sind menschengemacht und nicht in Stein gemeißelt. Weil sie menschengemacht sind, haben Haltungen und moralische Vorstellungen einer Gesellschaft Auswirkungen auf sie. Es ist bei Weitem nicht alles gerecht, was rechtens ist! Nach Auslegung des Bundesgerichtshofs gehörte es zum Beispiel bis 1968 zu den ehelichen Pflichten, als Frau Genuss beim Sex zu zeigen. Ganz egal, ob der Sex gerade genussvoll oder schmerzhaft war. Vergewaltigung in der Ehe war noch bis 1997 nicht strafbar.

Recht kann schlecht gemacht sein. Oder es kann gut gemacht sein und schlecht angewendet werden. Viele Lebensrealitäten wurden von den überwiegend weißen Männern, die unsere Gesetze in der Vergangenheit gemacht haben, gar nicht erst mitgedacht. Und trotzdem gab es schon immer Machtkämpfe um diese Themen herum und Menschen, die für andere Perspektiven gekämpft haben. Ein Beispiel: Als der Bundestag 1994 das erste Gesetz zu Belästigung am Arbeitsplatz, das Beschäftigtenschutzgesetz, erließ, stampfte die damalige Regierung aus CDU, CSU und FDP das Gesetz innerhalb von einem Jahr aus dem Boden. Die Opposition, zu der Zeit bestehend aus SPD, Linken und Grünen, strebte im Gegensatz zur Regierung ein Gesetz an, das strukturelle Ungleichheit und bestehende Machtverhältnisse mitberücksichtigen sollte. Sie wollten, dass im Gesetz Belästigung als etwas definiert wird, bei dem es um Macht und nicht um Liebe geht. Diese Idee lehnte die damalige Regierung aber ab, und so endete das Ganze in politischen Winkelzügen. Es entstand ein Gesetz, das sexuelle Belästigung so definierte: Sie muss vorsätzlich passieren, und es geht dabei um Liebe.[69] Belästigende Personen »werben« um Betroffene, wofür es eine gewisse Absicht braucht. Damit verfolgte die Regierung einen konservativeren Ansatz, die Beweislast für Belästigung konnte kaum erfüllt werden, und schlussendlich war das Gesetz mehr oder weniger wirkungslos.[70] Denn zu beweisen, dass jemand vorsätzlich belästigt hat, ist schwer bis unmöglich.

Das erste Gesetz zu sexueller Belästigung am Arbeitsplatz erkannte also nicht an, was die psychologische Forschung seit den 1970ern aufzeigt: dass Macht – und nicht Anziehung oder Liebe – Belästigung befeuert. Natürlich können Machtgefälle einen Reiz ausstrahlen, der dann als sexy empfunden wird, aber die Machtkomponente kann dabei niemals rausgerechnet werden.

Im Jahr 2017 gab es dann endlich eine Gesetzesänderung. Die orientierte sich daran, dass es bei Belästigung um Macht und nicht um Liebe geht.[71] Das bedeutete aber noch lange nicht, dass das Gesetzt entsprechend zum Tragen kommt. Mythenbehaftete und sexistische gesellschaftliche Narrative verschieben den Diskurs gerne zurück, was Beschwerdeverfahren zum Wackeln bringt. Es geht dann doch immer wieder darum, die Glaubwürdigkeit der Betroffenen infrage zu stellen und sie der Lüge zu bezichtigen. Eine solche Beweisführung wird von Betroffenen als extrem belastend wahrgenommen.

Aber wie können Betroffene überhaupt beweisen, dass sie belästigt wurden? In der Regel haben Büros ja keine Kameras oder Aufnahmegeräte, die alles aufzeichnen. Mein Gespräch mit Jessica hat gezeigt, dass es vor allem wichtig ist, die Belästigung so früh es geht transparent zu machen. Das bedeutet, Zeug:innen dazuzuholen und das Ganze zu dokumentieren. Und dann ist es natürlich hilfreich, das Erlebte frühzeitig zu melden, zur Not erst mal anonym.

Meine Recherche ergibt, was das Gespräch mit Jessica und anderen Anwältinnen mir bestätigt: Weder Gesetze noch deren Auslegung sind in Stein gemeißelt und sehr stark von – zum Beispiel vorherrschenden sexistischen – Einstellungen abhängig. Ein neues Gesetz, das im Juni 2024 ratifiziert wurde, versteht Belästigung als Gesundheits- und Sicherheitsrisiko – ein Risiko, für das Arbeitgeber:innen aufkommen müssen. Gesetzlich anzuerkennen, dass es um Macht und nicht um Liebe geht, reicht nicht aus, weil die sozialpsychologische Forschung zeigt, dass Belästigung über das hinausgeht, was zwischen zwei Menschen passiert. Weil es Strukturen gibt, die es Belästigenden überhaupt erst möglich machen, sich so zu verhalten. Kurze Erinnerung: Es sind hierarchische, männerdominierte und wettbewerbsorientierte Branchen, die anfälliger für Belästigung sind als andere.

Dadurch, dass das neue Gesetz das versteht, können solche Hotspots der Belästigung zukünftig vorzeitig entdeckt werden. Und es kann zu präventiven Maßnahmen verpflichtet werden. Die Anforderung, dass Belästigung vorsätzlich passieren muss, wird in dem neuen Gesetz ganz gestrichen, der Fokus liegt auf der Prävention. Dafür werden Unternehmen dazu verpflichtet, betroffenenzentrierte Beschwerdemechanismen einzuführen. Mithilfe von arbeitsschutzrechtlichen Instrumenten wird geschaut, was potenziell gefährliche Arbeitsorte sind und wie Mitarbeiter:innen dort geschützt werden können. Zum Beispiel wird untersucht, wie die Beleuchtung in Arbeitsstätten aussieht, ob Treppenhäuser oder Parkplätze sicher sind. Das neue Gesetz geht also eher weg von Verhaltensweisen Einzelner hin zu den Bedingungen, die Belästigung begünstigen, sodass potenziell betroffene Gruppen im besten Fall schon im Vorhinein geschützt werden. All das sind wichtige Schritte in die richtige Richtung!

Dann ist jetzt also alles tutti mit dem neuen Gesetz? Leider nicht. Denn dieses Gesetz gilt nicht für Menschen, die im öffentlichen Dienst arbeiten, das heißt, der ganze öffentliche Sektor müsste noch nachziehen. Außerdem hat die Geschichte gezeigt, dass bestehende Gesetze von Unternehmen nicht immer so umgesetzt werden, wie sie es sollten. Und selbst wenn sie umgesetzt werden, dass immer noch ein gewisser Interpretationsspielraum besteht, der wieder anfällig für mythenbehaftete Vorstellungen ist. Also: Betroffene könnten gegen ihre Arbeitgeber:innen vorgehen, wenn diese die bestehenden Gesetze nicht umsetzen, die sie schützen sollen. Sie könnten ihre Arbeitsstätten auf Schadensersatz verklagen. Das konnten sie aber unter dem vorherigen Gesetz auch schon. De facto macht das aber niemand. Die Realität ist, dass sich Betroffene zumeist viel zu sehr schämen für das, was ihnen widerfahren ist, und sie wissen, dass sie mit unschönen Vorurteilen konfrontiert sind, sobald sie sich beschweren.

Recht kann zu Gerechtigkeit führen, aber am Ende des Tages braucht es Menschen, die das auch in ihrem Alltag anwenden. Und ausfechten. Und weiterdenken. Das Recht bietet zwar eine Grundlage gegen Belästigung am Arbeitsplatz, kann aber nicht verhindern, dass Menschen ihre eigenen Deutungen nicht auf anderen Wegen ausleben. Strafrecht und Zivilrecht bieten einfach nicht den Raum, um das MeToo-Problem im Alleingang zu lösen.

Wir halten fest: So schlecht sind aktuelle Gesetze zu Belästigung am Arbeitsplatz gar nicht. Scheitern tut das Ganze eher bei der Anwendung. Das Problem bleiben sexistische und mythenbehaftete Vorstellungen von Belästigung und Belästigende, die Betroffenen ihre Stimme rauben, weil sie ihnen eine Mitschuld für ihr Erlebtes geben.

Es ist nachvollziehbar, dass wir gerne auf alte, kulturell vorgegebene Vorstellungen zurückgreifen, selbst wenn diese der Lebensrealität vieler Menschen heute nicht gerecht werden. So auch bei sexualisierter Belästigung. Aber natürlich ist das misogyn, also in hasserfüllten Einstellungen gegenüber Frauen begründet. Es wäre besser, anzuerkennen, dass wir alle mit ein wenig Misogynie aufgewachsen sind. Die heutigen Boomer haben in ihrer Kindheit noch gelernt, dass es die Aufgabe einer Frau ist, sich alleine um Haushalt, Kinder und das Wohlbefinden ihres Mannes zu sorgen. Millennials sind noch damit aufgewachsen, dass Risikodiäten normal sind, dass sie für ihre Männer sexuell verfügbar sein sollen, aber gleichzeitig niemals zu leicht zu haben sein dürfen. Und auch Generation Z wächst mit objektifizierenden Frauenbildern auf Social Media auf, kämpft gegen neue Schönheitsideale an genauso wie gegen den Doppelstandard der Geschlechterrollen im Alltag.

Ich träume von einer Welt, in der ich keinem mehr auf die Füße trete, wenn ich »Misogynie« sage. Weil wir gesellschaftlich anerkennen, dass es feindselige Einstellungen gegenüber Frauen gibt. Weil wir zur Vernunft kommen und den Zahlen glauben, die das nicht messen könnten, wenn es nicht wahr wäre. Wir könnten dann aufhören, unbequeme Themen, die uns alle betreffen, auszublenden. Ein weiteres Thema der geschlechterbezogenen Gewalt, das mindestens genauso unbequem ist wie das der sexualisierten Gewalt und viele Parallelen dazu hat, ist das der Femizide.

Im Jahr 2022 wurden weltweit 48 800 Frauen von ihren Partnern oder Familienangehörigen getötet – das macht jeden Tag 133 getötete Frauen.[72] Zwar machen Frauen insgesamt nur 20 Prozent der Opfer von Tötungsdelikten aus – wenn sie aber getötet werden, geht das zu 55 Prozent von

Familie oder Intimpartnern aus. Auch in Deutschland versucht jeden Tag ein Mann, seine aktuelle oder eine frühere Partnerin umzubringen. Jeden zweiten Tag gelingt es ihm.[73] Jede Stunde werden mehr als 14 Frauen Opfer von Partnerschaftsgewalt. Frauen, die von ihren Partnern getötet werden, werden häufig aus Frauenhass und Verachtung getötet, weil sie den Rollenvorstellungen nicht entsprechen und sich der Kontrolle und Dominanz ihrer Partner entziehen. Der Hintergrund von Femiziden sind dabei Vorstellungen von der grundsätzlichen Unterlegenheit der Frau. Alle 72 Stunden wird in Deutschland also eine Frau getötet, einfach um sie an ihre unterlegene Rolle als Frau zu erinnern.[74] Damit sind Femizide die Spitze des Eisbergs der Gewalt gegen Frauen. Grundlage für Femizide sind dieselben Einstellungen wie für das Versenden des Dickpicks oder für den frauenfeindlichen »Witz«. Die Debatte über Femizide kämpft gegen ähnliche Diskurse an wie die über »leichtere« Formen der Gewalt gegen Frauen.

Die Rechtsanwältin Sonja Aziz sprach in einem Interview mit der *Tagesschau* über ihre Erfahrung mit Fällen von Partnerschaftsgewalt. Gerade Frauen, die lange Gewalt in Beziehungen ausgesetzt waren, erlebten vor Gericht oft Victim Blaming. Viele Richter:innen können nicht verstehen, warum diese Frauen sich nicht früher aus der Beziehung gelöst haben. Es mangelt an allen Stellen an Aufklärung darüber, wie Gewalt auf Betroffene wirkt.[75] Etwa dass das Nervensystem gerne mit *Freeze* oder *People Pleasing* reagiert, wenn es gelernt hat, dass sich zu wehren aussichtslos ist. Dass anstatt Betroffene dafür zu verurteilen, sich nicht früher gewehrt zu haben, wir ihnen Unterstützung anbieten müssten. Auch dass es für die Täter um Überlegenheitsgefühle, verletzten Stolz und Besitzgedanken geht, wird gerne vernachlässigt. Kein Rock der Welt könnte kurz genug sein, um Gewalt, ja sogar Tötung zu rechtfertigen. Anstatt Frauenhass als gesellschaftliches Problem anzuerkennen, wird auch hier das Narrativ der Liebestat gewählt. Was man liebt, tötet man nicht. Genau genommen gibt es gar keine Rechtfertigung dafür, eine andere Person zu töten, aber diese Vermischung aus Liebe und Macht tut dem Diskurs nicht gut.

Macht ist das Gegenteil von Liebe; wer wirklich liebt, möchte die andere Person weder kontrollieren noch ihr Schaden zufügen. So kompliziert ist das eigentlich gar nicht. Glaubt man der Berichterstattung über Femizide, könnte man aber genau das denken. Femizide werden häufig als »Familientragödie«, »Beziehungstat«, oder »Ehrenmord« bezeichnet. Das macht sie zur Privatsache, und das gesellschaftlich wichtige Thema Frauenhass rückt weiter in den Hintergrund. Diese Gesetzesauslegung führt auch in Gerichtssälen dazu, dass Femizide häufig als Tötung und nicht als Mord verurteilt werden. In diesem Narrativ haben die Opfer ihre Täter vermutlich »provoziert«, und die mussten dann »impulsiv« handeln. Aus Eifersucht – die Armen. Das führt dazu, dass die Dunkelziffer von Femiziden hoch ist: In vier von zehn Tötungsdelikten an Frauen liegen nicht genug Beweise dafür vor, dass geschlechterbezogene Motive die Tat begünstigt haben.

Es gibt immerhin einen kleinen Lichtblick: Die Ampelkoalition hat einen neuen Gesetzentwurf hervorgebracht, in dem geschlechterbezogene Tatmotive als Beispiele für menschenverachtende Beweggründe und Ziele in die Liste der besonders zu berücksichtigenden Umstände bei Strafzumessung aufgenommen werden. Vom Femizid als Mord ist da aber noch immer nicht die Rede.

Bei Belästigung und Femiziden, genau wie bei allen Themen der Diskriminierung, geht es maßgeblich darum, hinzuschauen, auch wenn das unangenehm ist. Geschlechterbezogene Diskriminierung ist besonders hartnäckig, da das Thema uns allen nah ist – sowohl beruflich als auch privat. Viele Menschen leben in heterosexuellen Beziehungen und sind allein dadurch tagtäglich mit dem Thema Geschlecht – und den damit verbundenen gesellschaftlichen Erwartungen und Prägungen – konfrontiert. Wer übernimmt in der Beziehung die unbezahlte Care-Arbeit? Wie werden finanzielle Ressourcen verteilt? Wer initiiert sexuelle Intimität? Ähnliche Fragen spiegeln sich auch im Berufsalltag wider: Wer hat in Sitzungen welchen Redeanteil? Wessen Redebeiträge werden eher unterbrochen? Wer wird für eine Beförderung in Betracht gezogen und wer verdient wie viel? Die Antwort auf all diese Fragen ist eindeutig durch geschlechtliche Zuschreibungen geprägt, sie zu diskutieren führt aber häufig zu persönlichen Konflikten. Wer Schieflagen anspricht, riskiert die friedliche Verbindung zu den Personen, die das Thema negieren wollen. Weil geschlechterbezogene Ungerechtigkeit immer noch nicht hinreichend als Problem anerkannt wird.

Eine so alltägliche Verflochtenheit zwischen den Parteien ist nicht bei jeder Diskriminierungsform selbstverständlich. Ein Blick auf die Deutschlandkarte zeigt, dass rassistische Vorurteile besonders da hoch sind, wo wenige nicht weiße Menschen leben – weil diese Menschen keine Erfahrungen machen, die die Stereotype in ihren Köpfen widerlegen. Und so wird den Dehumanisierungsprozessen keine korrektive Erfahrung entgegengesetzt. Man muss nicht empathisch sein, wenn man den Menschen, die man hasst, nie begegnet. Bei geschlechterbezogenen Vorurteilen funktioniert diese Auflösung über Kontakt durch die enge Verflechtung aber leider nicht, und das Narrativ, es würde bei Geschlechterkonflikten um Liebe statt um Macht gehen, verschleiert die wahren Ursachen. Vermeintlich persönliche Konflikte werden dort ausgetragen, wo eigentlich gesellschaftspolitische Debatten hingehören. Was das Ganze noch komplizierter macht, ist, dass Sexismus Formen annimmt, die von vielen erst mal als positiv wahrgenommen werden. Geschlechterbezogene Diskriminierung unterscheidet sich von anderen Diskriminierungsformen auch dadurch, dass ihr Ziel nicht die Auslöschung und Vertreibung von Frauen ist. Das Ziel ist, Frauen an genau dem Platz zu halten, an dem sie dem Patriarchat am meisten dienen. In einer untergeordneten Rolle.[76]

Aus diesem Grund ist Sexismus nicht nur feindselig, sondern auch (vermeintlich) wohlwollend. Die Idee des Tandems aus wohlwollendem und feindseligem Sexismus geht auf Simone de Beauvoir zurück und wurde 1996 von Peter Glick und Susan Fiske aufgegriffen, die ein psychologisches Messinstrument daraus entwickelt haben, das imstande ist, unglaublich viel (gewaltvolles) Verhalten vorherzusagen. Die Idee: Wäre Sexismus nur feindselig, dann hätten sich Frauen längst aufgelehnt und eine Revolution gegen all die Ungerechtigkeit gestartet – immerhin sind wir mehr als die Hälfte der Gesellschaft! Damit das aber nicht passiert, hat sich der wohlwollende Sexismus entwickelt. Er ist das Zuckerbrot des Patriarchats, das uns die Peitsche vergessen lassen soll. Wohlwollender Sexismus beinhaltet Einstellungen wie, dass Frauen eine Reinheit haben, die Männer einfach nicht haben, dass sie moralischer seien als Männer und dass sie als schwächeres Geschlecht von ihren Männern beschützt werden müssten. Frauen, die in traditionelle Geschlechterrollen passen, werden durch diese Form des Sexismus augenscheinlich beschützt und belohnt, während

Frauen, die sich gegen traditionelle Geschlechterrollen auflehnen, vom feindseligen Sexismus abgestraft werden. Zum Beispiel, indem sie belästigt oder getötet werden. Dabei sind Menschen, die wohlwollend sexistisch eingestellt sind, in der Regel auch feindselig sexistisch eingestellt. Mithilfe dieses Tandems schafft es sogar die AfD, sich als Frauenversteher-Partei zu inszenieren – nur für die »richtigen« Frauen, versteht sich. Das alles aufzudröseln ist kompliziert, doch nur wer das Zuckerbrot versteht, wird sich auch vor der Peitsche schützen können.

Der Zaubertrick, den wir gegen sexualisierte Belästigung und geschlechterbezogene Diskriminierung haben, nennt sich Prävention und Aufklärung. Dass das funktionieren kann, zeigt Spanien. Dort sind Präventionskurse und Aufklärungsarbeit fester Bestandteil des Lehrplans, und in Rathäusern sowie Gesundheitszentren gibt es vermehrt Beratungsstellen – mit Erfolg! Seitdem Spanien auf Prävention und Aufklärung setzt, sinken die Femizidzahlen. Deutschland, mit jährlich steigenden Femizidzahlen, sollte sich daran ein Beispiel nehmen. Wir sind darauf gepolt, Veränderung erst mal doof zu finden. Anstrengend. Sie macht uns Angst, denn der Affe in unserem Gehirn, der Sicherheit und Bindung noch vor allem anderen möchte, mag es überhaupt nicht, wenn er Dinge nicht vorhersehen, den Ausgang einer Situation nicht antizipieren kann.

Gewalt hat nichts mit Liebe zu tun – weder eine Tötung noch eine Belästigung am Arbeitsplatz sind Liebestaten. Das aktuelle Gesetz gegen Belästigung am Arbeitsplatz versteht das. Nur in unseren Köpfen ist das Ganze noch nicht so recht angekommen. Deshalb müssen wir dafür sorgen, dass Arbeitgeber:innen ihrer Pflicht nachkommen und ihre Mitarbeitenden schützen. Wir müssen sie in ihre rechtmäßige

Pflicht nehmen. Progressive Gesetze, die Frauen und allen, die mit Geschlechterstereotypen brechen, positiv gegenüberstehen, sind nicht der Erfolg einer einzigen Partei, die feministische Politik verfolgt hat. Sie sind das Ergebnis einer breiten und langjährigen gesellschaftlichen Mobilisierung, die gerade überall auf der ganzen Welt stattfindet und früher oder später weltweit Früchte tragen wird.

Wut statt Schuld

Schuld- und Schamgefühle sind bei Betroffenen von sexualisierter Belästigung fast unausweichlich. Das liegt daran, dass sie sich die schmerzhafte Tat oft erklären, indem sie sich selbst dafür die Verantwortung geben (»Ich hätte besser aufpassen müssen«, »Immer passiert mir so etwas«). Dabei ist es bei gewaltvollen Taten sogar sehr wahrscheinlich, dass Betroffene in der Situation austauschbar waren. Es hätte jede andere Person treffen können. Denn in Wahrheit drehen sich Menschen in allererster Linie um sich selbst und handeln aufgrund ihrer eigenen Prägungen, Verletzungen und Projektionen – so auch Belästigende.

Dass sich Betroffene selbst die Schuld für ihre Erfahrungen geben, klingt paradox, hat aber eine Funktion. Denn unsere Psyche ist unentwegt damit beschäftigt, uns selbst zu schützen, allem voran unsere verletzlichen Anteile. Kurzfristig hilfreich, auf Dauer aber oft nicht zielführend oder sogar schädlich. Die Funktion von Schuldgefühlen ist es, sich den Handlungsspielraum zurückzuholen, der durch die Tat genommen wurde. Grenzüberschreitendes sexualisiertes Verhalten stellt die eigene Existenz, das eigene Dasein infrage. Es macht Betroffene zu Objekten, über die andere verfügen dürfen. In dem Moment dürfen sie keine fühlenden Subjekte mehr sein. Sich selbst die Schuld an einer Situation zu geben kann ein Gefühl von Kontrolle, Sicherheit und Selbstbestimmung zurückgeben. Das Gefühl, man sei nicht völlig ausgeliefert gewesen, obwohl man es vielleicht war. Das Gefühl, man hätte Kontrolle über eine Situation gehabt, in der man vermutlich kaum Kontrolle hatte. Hinter den Schuldgefühlen steckt also zumeist die unbewusste Annahme, dass man selbst die Situation hätte verhindern können und so auch dafür sorgen kann, dass so etwas zukünftig nicht mehr passieren wird.

Aber was sind überhaupt Schuldgefühle, und was lösen sie bei uns aus? Das Gefühl der Schuld hat die überlebenswichtige Funktion, uns zu signalisieren, dass wir uns falsch verhalten haben. Das brauchen wir, um in Gruppen funktionieren zu können. Schuldgefühle helfen, uns sozial einzugliedern, sodass wir als Teil einer Gruppe und als funktionierendes Mitglied der Gesellschaft akzeptiert werden. Wir alle sind höchst soziale Wesen, die das Bedürfnis nach Bindung noch vor jedes andere stellen. Manche Psycholog:innen vertreten sogar die Ansicht, dass Bindung unser wichtigstes Grundbedürfnis ist, also noch zentraler als Nahrung! Dass Babys ohne liebevolle Zuneigung sehr schnell sterben, ist längst erwiesen. Deshalb reagieren wir so unglaublich sensibel auf Schuldgefühle. Wir spüren intuitiv, was wir machen müssen, um Teil einer Gruppe zu sein und um als funktionierendes Mitglied dieser Gesellschaft wahrgenommen zu werden. Wie wir uns »richtig« verhalten.

Die gesellschaftlichen Erwartungen an uns unterscheiden sich je nachdem, in welchem Körper wir geboren werden. Ein Blick auf unsere Genitalien entscheidet, ob wir in den Augen von den Menschen, die für unser Überleben zuständig sind, als »Mann« oder »Frau« erzogen werden, mit allem, was dazugehört. Dabei verstehen wir ohne große Erklärungen, wie wir uns zu verhalten haben, was der *common habitus* für einen Menschen ist, der in dieser Gesellschaft als Mann oder Frau aufwächst. Wer weder Mann noch Frau ist oder sich den stereotypen Zuschreibungen von außen verweigert, die diese zwei Kategorien mit sich bringen, wird mit Schuldzuschreibungen von außen abgestraft. Menschen, die sich gegen Geschlechterrollen wehren, wissen das intuitiv. Sie kämpfen trotzdem dafür, sich in dieser Welt nicht einschränken zu müssen, sondern all ihre Anteile ausleben zu dürfen – und werden so zur Projektionsfläche von all jenen, die sich durch diese Freiheit bedroht fühlen. So laden Betroffene oft die Schuld für etwas auf sich, das sie nicht verschuldet haben. Das hat zur Konsequenz, dass die Grenzen zu der schädlichen Person verschwimmen. Die nötige Abgrenzung bleibt aus, sodass Betroffene oft noch mit ihren Peinigern in Verbindung bleiben. Sie verlassen den Job nach Belästigungserfahrungen nur zögerlich und eher mit dem Gefühl, nicht gut genug zu sein, als dass der Job und das toxische Arbeitsumfeld ihnen nicht gerecht geworden sind. Sie sprechen kaum über das, was passiert ist, und leiden häufig im Stillen.

Ein weiterer Aspekt nennt sich in der psychoanalytischen Therapie *Täterintrojekt*. Du hast eine grenzüberschreitende Situation erlebt, und wenn du darüber nachdenkst, gibt es Stimmen in dir, die dich dafür abwerten? Die nicht nett zu dir sind? Die keine Partei für dich ergreifen, dich im Gegenteil sogar kleinreden und dir sagen, dass du nicht darüber sprechen darfst, dass du selbst schuld bist, dass du das vielleicht sogar verdient hast? Es fällt dir leichter, nachzuvollziehen, was die Person, die deine Grenzen überschritten hat, wohl dazu getrieben hat, als deine eigene Wahrnehmung zu verteidigen? Dann könnte es sein, dass du ein solches Täterintrojekt in dir trägst. Das entsteht durch traumatische Erfahrungen und Übergriffigkeiten. Ein Täterintrojekt zu haben bedeutet, dass die Gefühle, Gedanken und Verhaltensweisen des Täters zum Teil der eigenen Wahrnehmung werden. Auch Täterintrojekte entwickeln sich zum Schutz der eigenen Psyche, um Ohnmachts- und Schamgefühle abzuwehren, vor allem, wenn man nicht vor der Verbindung mit dem Peiniger fliehen kann. Deshalb entstehen sie besonders häufig bei Personen in länger andauernden Abhängigkeitsbeziehungen, die durch Übergriffigkeiten geprägt sind.

Tragisch daran ist, dass Täterintrojekte die betroffenen Personen immer wieder in ähnliche schädliche Situationen bringen. Man kann sich die Perspektive der Betroffenen wie eine Schablone vorstellen, durch die sie die Welt sehen. Das erste Gesetz dabei: Du selbst bist schuld. Wer ein Täterintrojekt hat, findet sich immer wieder in Situationen wieder, die die eigenen Grenzen überschreiten. Denn die Täterstimme im Kopf sagt, man dürfe keine haben. Ich bin der festen Überzeugung, dass sehr viele Frauen ein solches Täterintrojekt mit sich herumtragen. Denn es herrscht eine kollektive Schieflage in Bezug auf Schuldgefühle, die über Generationen hinweg weitergegeben wird. Frauen fühlen sich im Schnitt deutlich häufiger und stärker schuldig als Männer.[77] Sie denken sehr viel mehr darüber nach, wann sie sich wie womöglich falsch verhalten haben, ob sie jemandem mit ihren Taten oder Worten auf den Schlips getreten sind, was sie zukünftig besser machen könnten. Diese kollektive Ungleichverteilung der Schuldgefühle entsteht einerseits durch die Vererbung von Traumata und andererseits durch wiederkehrende Muster in der Erziehung, die Mädchen keine gesunde Abgrenzung beibringen und ihnen Schuldgefühle für Dinge vorleben, die sich außerhalb ihrer Verantwortung befinden.

Viele reagieren auf Täterstimmen, indem sie die ganze Zeit gefallen wollen. Sie sind überempathisch, immer nur bei den anderen, und glauben, dass sie der Welt damit einen Gefallen tun. Dabei ist niemand nur gut. Und andere sind darauf angewiesen, zu erfahren, wo unsere Grenzen sind und dass sie diese zu beachten haben. Ein Verhalten, dem nichts entgegengesetzt wird, kann immer wieder passieren. Ich selbst war lange Zeit übermäßig empathisch. Das ging so weit, dass ich teilweise nicht mal gespürt habe, was ich eigentlich wollte und wo meine Grenzen lagen. Sich davon zu lösen war unheimlich viel Kleinarbeit. Immerhin kannte ich es nicht anders. Ich musste verstehen, dass auch meine übermäßige, grenzenlose »Empathie« mir selbst dienen sollte. Dass ich nicht die Gute und Liebe war, wenn ich schwieg, sondern nur verhindern wollte, dass mich jemand angreifen könnte.

Heute versuche ich, all meine Anteile in mir selbst koexistieren zu lassen. Wenn ich anerkenne, dass ich sowohl die heilige Maria als auch die wütende Hexe bin, kann ich in ausgewählten Situationen ganz authentisch Fürsorge zeigen. Nicht, um mich selbst zu schützen und weil ich im Gegenzug erwarte, dass mich niemand angreift, sondern weil ich bedingungslos geben möchte.

Es mag schmerzhaft sein, anzuerkennen, dass die eigene Psyche von so etwas Hässlichem wie einem Täterintrojekt infiltriert wurde. Das Schöne aber ist, dass das Anerkennen der Situation der erste Schritt zur Heilung und dass der nächste Schritt wunderschön ist. Denn es gibt ein Gegengift zu Schuldgefühlen, und das ist das Gefühl des Stolzes. Stolz zu sein auf alles, was man ist, bedeutet einerseits, Mitgefühl für sich selbst aufzubringen, und andererseits, sich abzugrenzen. Von allem, was einem schadet.

Das Gefühl, das wir zur Abgrenzung brauchen, ist die Wut. Wut zeigt uns, wo unsere Grenzen sind, wenn sie überschritten wurden. Sie zeigt uns, dass etwas für uns nicht funktioniert und sich ändern muss. Wut ist aber auch eine für Frauen gesellschaftlich stark missbilligte Emotion. Das ist fatal; denn zu wissen, wo unsere Grenzen liegen, ist überlebenswichtig: zur Wahrung derselben, zur Abgrenzung von anderen, genauso wie zur Verarbeitung von übergriffigem Verhalten. Aber nur weil Frauen ihre Wut oft von klein auf ausgetrieben wird, geht die Wut nicht einfach weg – so funktionieren Emotionen nicht. Vielmehr sucht sie sich andere, auf lange Sicht sehr ungesunde Wege. Anstatt also wütend auf jemanden zu sein, der sich übergriffig verhalten hat, und sich dann abzugrenzen, richten Frauen die Aggression zum Beispiel gegen sich selbst. Sie machen sich klein.

Menschen, die sich selbst verletzen, sind zumeist Frauen, die sagen, dass sie das Gefühl der Wut auf andere überhaupt gar nicht kennen. Frag dich einmal: Wie viele Männer kennst du, die aus Wut weinen? Ich kenne keinen. Frauen, die aus Wut weinen, aber viele. Meist können diese Frauen sich selbst nicht erklären, dass sie so reagieren. Denn eigentlich sind sie doch in erster Linie wütend und nicht traurig, oder? Warum dann weinen? Die Erklärung ist in gesellschaftlichen Normen zu finden: Frauen haben gelernt, ihre Wut nicht in funktionaler Form, wie zum Beispiel durch Abgrenzung, auszudrücken, und nutzen daher weniger funktionale, sozial akzeptierte Ventile: Sie weinen. Hinzu kommt, dass geschlechterbezogene Gewalt so stark normalisiert ist, dass Frauen oft gar nicht in den Sinn kommt, dass sie sich wehren könnten.

Der Forscher Martin Seligman beschäftigte sich in den frühen 1960er-Jahren mit der Frage, wann der Körper in den *Flight*-Modus übergeht, und entdeckte dabei ein Phänomen, das er als »erlernte Hilflosigkeit« bezeichnete. Für seine Forschung teilte Seligmann Hunde in drei zufällige Gruppen ein, die er in Hundeboxen setzte. In Phase eins des Experiments erteilte er der ersten Gruppe kurze Elektroschocks, die sie jedoch mit dem Drücken eines Hebels sofort wieder beenden konnten. Die Hunde lernten durch das Drücken des Hebels schnell, den Elektroschocks zu entfliehen, was sie auch gerne taten. Sie lernten, dass sie Einfluss auf die Situation nehmen konnten. Eine zweite Gruppe erhielt dieselbe Anzahl an Elektroschocks, allerdings ohne dass sie etwas dagegen hätten unternehmen können. Zunächst versuchten die Hunde vergeblich, dem Schmerz auszuweichen. Nach einiger Zeit lernten sie jedoch, dass sie keine Kontrolle darüber hatten, den Schmerz zu vermeiden, und legten sich lethargisch hin – sie gaben auf und akzeptierten den Schmerz, nahmen ihn als gegeben an. Eine dritte Gruppe von Hunden erhielt keine Elektroschocks. In der zweiten Phase des Experiments hatten die Hunde die Chance, ganz vor den Schocks zu fliehen, indem sie in eine zweite, sichere Box liefen, die nun mit der ersten verbunden war. Die Hunde, die schon in der ersten Phase gelernt hatten, dass sie dem Schmerz ausweichen konnten, ebenso wie die Hunde, die in der ersten Phase gar keine Schocks erhalten hatten, wichen den Schocks nun zügig aus. Die Hunde, die allerdings in Phase eins gelernt hatten, dass sie keinerlei Kontrolle über den Schmerz hatten, blieben einfach in dem Käfig liegen, in dem sie den Elektroschocks ausgesetzt waren.

Die Krux an der Geschichte ist, dass diese Hunde sich auch bei einer Veränderung der Situation weiterhin hilflos ihrem wahrgenommenen Schicksal hingaben, dem Schmerz nicht entfliehen zu können. Sie blieben nach dem Experiment sogar im geöffneten Käfig liegen, obwohl sie eigentlich entspannt hätten herauslaufen können. Sie blieben sogar immer noch liegen, als die Versuchsleiter sie dazu animierten, den Käfig zu verlassen. Die Vorstellung, dass sie frei und ohne Schmerzen sein könnten, kam ihnen nicht mehr in den Sinn. Sie waren dem Schmerz so ergeben, dass sie durch die unvorhersehbaren fortlaufenden Schocks bereits gelernt hatten, dass der Schmerz unumgänglich ist, und so hatten sie nicht mal mehr den Impuls, den Käfig zu verlassen. Sie befanden sich im Zustand der erlernten Hilflosigkeit.

Sind Menschen in diesem Zustand, denken sie, dass sie gar keinen Einfluss auf negative Erlebnisse und die eigene Lebenssituation haben und dass sie für diesen Zustand allein verantwortlich sind. Mit Gewalt gegen Frauen verhält es sich ähnlich. Statistisch gesehen ist es höchst wahrscheinlich, dass entweder deine Mutter, deine Großmutter oder deine Urgroßmutter vergewaltigt wurde. Vielleicht auch alle drei. Mit an Sicherheit grenzender Wahrscheinlichkeit wurden alle deine weiblichen Vorfahren in irgendeiner Form belästigt. Wahrscheinlich nicht nur einmal. Das Problem greift so viel tiefer, als das Einzelfallnarrativ uns weismachen möchte. Die gewaltvollsten Verbrechen der Menschheit werden nicht von einzelnen Individuen an anderen Individuen verübt, sondern von Gruppen an anderen Gruppen. Sie haben ein ganzes System dahinter und damit Strukturen, die schwer aufzubrechen sind. Kriege, Ausrottung, Unterdrückung – das alles hat genauso System wie geschlechterbezogene Gewalt. Die im Übrigen auch immer gerne als Mittel zum Zweck bei anderen Gewalttaten genutzt wird. Frauen haben oft akzeptiert, dass sie grenzüberschreitendem Verhalten hilflos gegenüberstehen. Sei es, dass ihre Körper ungefragt kommentiert und objektifiziert werden oder dass sie am Arbeitsplatz sexualisierten Kommentaren ausgesetzt sind. Dadurch, dass das so normalisiert ist, kommt es vielen nicht mal mehr in den Sinn, dass sie ihre belästigenden Chefs oder gewalttätigen Ehepartner verlassen könnten. Der abnormale Schmerz ist so normalisiert, dass sie gar nicht mehr sehen, dass ihr Käfig eine offene Tür hat. Dass es andere Wege geben könnte.

Vermutlich haben deine weiblichen Vorfahren die Gewalt, der sie ausgesetzt waren, kaum aufgearbeitet und möchten bis heute nicht darüber sprechen. Das ist ein Problem, denn auch wenn es zunächst paradox klingt: Insbesondere Themen, über die nicht gesprochen wird, können großen Einfluss auf die Entwicklung der nachfolgenden Generationen nehmen. Denn die Dinge, die wir nicht aufarbeiten, die wir vermeiden, die Gefühle, die wir nicht fühlen, geben wir (meist unbewusst) an die nächste Generation weiter. Durch Verhalten, das oft unbewusst von den traumatischen Erlebnissen der Vergangenheit geprägt ist, und durch epigenetische Veränderungen des Genmaterials. Über wie viele Generationen Veränderungen im Genmaterial durch Traumata weitergegeben werden können, ist noch nicht schlussendlich geklärt. Aktuelle Forschungen an Menschen gehen von epigenetischen Veränderungen über drei bis fünf Generationen aus, wobei Experimente an Mäusen auf noch mehr Generationen hindeuten.[78]

Mir selbst wurde unzählige Male von älteren Frauen aus meinem Umfeld geraten, mich endlich zurückzunehmen. Sie sagten mir, dass ich ohnehin keine Chance hätte oder dass ich dankbar sein sollte, dass ich mich überhaupt beschweren darf. Zu ihrer Zeit sei das alles undenkbar gewesen. Ich verstehe diese Frauen, vor allem mit dem letzten Punkt haben sie natürlich recht. Dass sich unsere weiblichen Vorfahren nicht ordentlich abgegrenzt haben, dass sie indirekte Wege für ihre Wut gewählt haben und bis heute wählen, ist nicht ihr eigenes Versagen – denn in der Regel hatten sie nicht die Wahl. Bis 1958 hatten Männer noch das »Letztentscheidungsrecht« über ihre Ehefrauen, sie konnten also in letzter Konsequenz entscheiden, ob ihre Frau einen Führerschein machen, arbeiten, oder ein Konto eröffnen darf.[79] Dass Frauen rein rechtlich nicht mehr als Besitz ihrer Männer gelten, ist zeithistorisch also eine neuere Entwicklung, und was man besitzt, darf man zerstören. Die Tatsache, dass Frauen selbstbestimmt und unabhängig arbeiten können, über eigenes Geld verfügen und frei für sich selbst und ihre Liebsten entscheiden können, dass sie sich also tatsächlich abgrenzen können, ist immernoch eine sehr neue Entwicklung. Auch deshalb war »nett zu sein«, also die Überlebensstrategie »Fawn«, für unsere weiblichen Vorfahren zumeist die einzige Strategie, mit geschlechterbezogener Gewalt umzugehen. Sich um andere kümmern, mehr als um sich selbst. Die eigenen Bedürfnisse und Grenzen ständig zu übergehen und in diesem überempathischen Selbstschutz zu verweilen.

Wenn weibliche Vorfahren ihre Gewalterfahrungen kaum bis gar nicht aufarbeiten, leben sie ihren Kindern keine gesunde Abgrenzung vor. Das ist schädlich, denn Kinder orientieren sich in ihrer Entwicklung an Vorbildern, zumeist an ihren Erziehungspersonen, vor allem in den ersten Jahren. Fühlen sich diese selbst ständig für Dinge außerhalb der eigenen Verantwortung schuldig und reden ihren Kindern vielleicht sogar Schuldgefühle ein, statt sich abzugrenzen, beeinflusst das die Persönlichkeitsentwicklung massiv. So werden auch Gefühle von Schuld und die Unterdrückung der eigenen Wut über Generationen weitergegeben. Auch das ist ein Grund dafür, dass sich Betroffene von sexualisierter Gewalt selbst die Schuld für ihr Erleben geben. Sie bekommen es von klein auf so beigebracht. Ihre weiblichen Vorbilder sagen ihnen, wie sie sich zu kleiden und zu verhalten haben, um nicht belästigt zu werden, statt ihnen beizubringen, wie sie ihre Stimme erheben können, wenn ihre Grenzen überschritten werden.

Das Problem mit diesem »Immer nur nett und bloß nicht wütend«, das wir Mädchen und Frauen anerziehen, ist, dass es nicht unserer Natur entspricht. Wir sind nicht immer nur nett. Die natürlichen Instinkte von Menschen, die in unserer Gesellschaft als Mädchen und Frauen sozialisiert werden, nehmen Schaden, wenn sie andauernd in eine unnatürliche Rolle gezwängt werden. Instinkte, die ihnen helfen könnten, Veränderung herbeizuführen und Einfluss auf ihre Umgebung und das Weltgeschehen zu nehmen. Instinkte, die ihnen raten, zu schreien, wenn etwas Falsches passiert, statt es zu akzeptieren. Auf diese Instinkte haben sie dann viel zu oft keinen Zugriff, wenn ihnen übergriffiges Verhalten begegnet, weil »nett sein« ihre einzige sozial akzeptierte Strategie darstellt.

Wenn wir Kindern Gefühle von Schuld und Scham vermitteln, indem wir sie mit unnatürlichen und sexistischen Stereotypen konfrontieren, dann können diese nicht die neurologischen Bahnen für gesunde Gedanken und einen stabilen Selbstwert entwickeln. Weil sie lernen, dass etwas an ihnen falsch ist, wenn sie sich anders verhalten, als es von ihnen erwartet wird. Wir sollten anerkennen, dass wir alle alles sind. Dass wir wütend und traurig werden, dass wir uns falsch verhalten können und trotzdem liebenswert sind. Und dass wir alle ständig versuchen, unsere verletzlichen Anteile zu schützen, und dieser natürliche Selbstschutz dazu führt, dass wir uns auch mal danebenbenehmen, damit niemand merkt, wie verletzlich wir tief in unserem Innersten sind. Das Problem besteht also auch darin, dass Jungen lernen, dass sie nicht weinen und schwach sein sollten. Selbsthass kommt niemals von innen. Kein Kind wird damit geboren. Selbsthass wird von außen obstruiert und irgendwann als so natürlich angenommen wie die Schwerkraft.

Die Lösung? Es klingt kitschig, aber im Grunde müssen wir uns alle unsere seelischen Verletzungen anschauen und heilen. Und darüber miteinander sprechen. Heilen ist ein rebellischer Akt, der nicht nur glücklicher macht, sondern auch das System zum Wackeln bringen wird, das auf unseren Verletzungen aufgebaut ist. Weil wir schlichtweg keine Lust mehr auf Gewalt haben, wenn es uns gut geht. Weder darauf, sie zu tolerieren, noch darauf, sie auszuführen. Und weil wir keine Lust mehr haben, zu schweigen, wenn wir fühlen können, was uns schadet.

Bei der Heilung geht es darum, Frieden mit all jenen Anteilen zu schließen, die vorher als »falsch« gelabelt wurden. Täter müssen auch heilen, aber das sieht anders aus, denn oft spüren sie im Gegensatz zu Betroffenen keine Schuld für ihre Taten. Das liegt daran, dass sie Schutzmechanismen haben, die sie vor diesen unangenehmen Gefühlen bewahren (siehe dazu das Kapitel »Wer wird zum Belästiger?«). Es geht bei Tätern eher darum, Zugang zu den eigenen weichen und verletzlichen Anteilen zu bekommen, damit sie lernen, anderen gegenüber empathisch zu sein und verantwortungsbewusst mit Macht umzugehen. Auch das fängt damit an, dass wir männlich sozialisierten Personen – die ja den Großteil der Täter ausmachen – ihre verletzliche Seite zugestehen. Dass sie davon heilen dürfen, immer stark sein zu müssen, nie weinen zu dürfen. Damit Wut nicht mehr die einzig akzeptierte Emotion für sie ist. Denn auch sie sind alles und brauchen ihr gesamtes Emotionsspektrum, um nicht in ungesunde Muster zu verfallen.

Für weiblich sozialisierte Menschen soll es nicht darum gehen, für immer in der Wut zu verharren. Wütend zu sein ist nicht unser stärkstes Selbst. Im Zwiebelsystem unserer Psyche können wir die Wut aber auch nicht einfach überspringen und so tun, als seien wir unverletzlich. Die neurophysiologische Reaktion einer Emotion ist eigentlich nur neunzig Sekunden lang. Unangenehme Gefühlszustände, die länger anhalten, kommen vermutlich vor allem dadurch zustande, dass Gefühle nicht gelebt werden können. Wir haben Angst vor Emotionen und vermeiden sie dehalb, sodass sie sich in unseren Körpern manifestieren – manchmal über Jahre hinweg.[80] Wir sollten uns Zeit dafür nehmen. Denn nur wenn wir in Kontakt zu unseren Gefühlen treten, können wir zu dem kommen, was hinter der Wut liegt, und nötige Konsequenzen ziehen. Es geht maßgeblich darum, zuzuhören, wenn sich etwas falsch anfühlt. In einer Gesellschaft, in der das Fühlen und die Verletzlichkeit als Schwäche ausgelegt werden, ist es ein rebellischer Akt, sich Zeit für die eigenen Wunden zu nehmen. Fühlen bedeutet für mich vor allem, lebendig zu sein, mich um mich selbst zu kümmern, Verantwortung für meine eigenen Gefühle zu übernehmen. Zu wissen, was mir schadet und was ich brauche.

Heilung

Mithilfe meiner eigenen Erfahrungen und Erkenntnisse aus der Traumaforschung habe ich ein Schema erstellt, das dir bei deinen Erfahrungen mit sexualisierter Übergriffigkeit helfen kann. Wichtig: Das Schema ersetzt keine Psychotherapie und ist nicht so zu verstehen, dass ein Schritt zwangsläufig auf den nächsten folgen muss. Seelisches Wachstum ist niemals linear. Es wird immer Tage geben, an denen Schritt 3 (*»Kümmere dich radikal um dich«*) alles ist, was du tun kannst. Und das ist in Ordnung so. Unsere Seele braucht den Winter, um aufblühen zu können. Es bedeutet nicht, dass du Rückschritte machst, sondern dass du Kräfte sammelst, um weiterzuwachsen. Genau wie jedes andere organische Wesen brauchen wir Zeiten der Regeneration und Ruhe. Was passiert, wenn wir uns keine Zeiten der Ruhe mehr nehmen, weil wir immer weiterwachsen wollen, sehen wir sinnbildlich an der Klimakrise. Wir brennen aus.

Schritt 1: *Gucke hin, fühle und erkenne dein Leid an.*

Dein Körper weiß, wie sich ein Nein anfühlt. Nur musst du dir die Zeit nehmen, ihm zuzuhören. Verbringe Zeit mit dir selbst. Ohne Konsum, Ablenkung oder Substanzen. Eine Emotion ist, wie das Wort schon sagt, *Energy in Motion* – also eine energetische Regung in deinem Körper. Ein Ja fühlt sich sicher an, dein Körper ist dabei entspannt, auch wenn du dich freust. Ein Nein kann sich so anfühlen, dass du deinen Atem anhältst, du unruhig atmest, anfängst zu grübeln, ängstlich zu sein, dein Herz schnell schlägt, dein Körper sich taub anfühlt oder Stellen an deinem Körper angespannt sind. Es liegt an dir, solche körperlichen Erregungen einzuordnen und auf sie zu hören. Dabei ist entscheidend, dass du deine Erfahrungen nicht relativierst und deinen Schmerz anerkennst. Alles andere ist schädlich – sowohl für deine Psyche als auch für die Welt. Wenn du über dich ergehen lässt, womit du dich unwohl fühlst, sendest du dir selbst und der Welt das Signal, dass du es nicht wert bist, geschützt zu werden.

Du musst dich nicht als Opfer betrachten, um anzuerkennen, dass sich jemand dir gegenüber falsch verhalten hat. Für viele ist dieses Label nicht hilfreich. Deine Erfahrungen anzuerkennen bedeutet nicht, dich in Selbstmitleid zu suhlen. Das tut sowieso niemand, sonst sähe das Verhältnis von Prävalenzen und gemeldeten Belästigungsfällen ganz anders aus. Du darfst jedoch maximal viel Mitgefühl für dich selbst und deine Situation aufbringen. Das ist sogar wichtig. Du hast dich in einer Situation anders verhalten, als dir im Nachhinein lieb ist? Vielleicht hast du gelacht, aufgeregt reagiert oder warst viel freundlicher, als du es gerne gewesen wärst? Das ist normal! Wie im Kapitel »Überlebensmodus« erläutert, versetzt uns Gefahr in einen Erregungszustand, der dazu führen kann, dass wir uns in gefährlichen Momenten anders verhalten, als wir möglicherweise möchten – eine Überlebensstrategie. Der Überlebensmodus kann tatsächlich eine gewisse Neugierde wecken und als aufregend empfunden werden, schließlich stellt dein Körper dir Energie bereit! Das sollte dich nicht davon abhalten, anzuerkennen, wenn sich jemand dir gegenüber falsch verhalten hat. Im Grunde geht es in Schritt 1 darum, hinzugucken. Sich einzugestehen, dass man anders reagiert hat, als einem lieb ist, kann zu Schuldgefühlen führen. Und auch die dürfen da sein und wahrgenommen werden. Es geht darum, der Situation mit Wahrhaftigkeit zu begegnen – die Wahrheit tut weh, wird dich aber befreien.

Schritt 2: *Geh. Oder bleib.*

Es kann sinnvoll sein, deinen Job zu wechseln. Je nachdem, wie viel Unterstützung du aus deinem Arbeitsumfeld bekommst. Die Entscheidung, den Job zu wechseln oder im alten Job zu bleiben, ist eine ganz persönliche, die du für dich selbst fällen solltest. Das kann dir niemand abnehmen. Das Wichtigste daran ist, dass du deine mentale und körperliche Gesundheit priorisierst. Für mich war es zum Beispiel keine Option, an dem Arbeitsplatz zu bleiben, an dem ich grenzüberschreitendem Verhalten ausgesetzt war. Dort ging die Aussicht auf nötige Unterstützung oder Veränderung gegen null. Das System Hochschulwissenschaft ganz zu verlassen hätte mich aber krank gemacht, es hätte meine Ohnmachtsgefühle befeuert.

Für jede Person ist das anders. Für manche ist mehr Distanz zu dem schädlichen System wichtig, und für andere ist es sogar das Beste, die Branche ganz zu wechseln, wieder andere wollen sich ihren Platz dort erkämpfen, wo man sie kleinmachen möchte. Sei also ehrlich zu dir und schaue, was du brauchst, um dich sicher zu fühlen. Suche aktiv nach Optionen, die so ein Sicherheitsgefühl herstellen können. Dein Seelenfrieden ist langfristig immer der wichtigste Faktor.

Schritt 3: *Kümmere dich radikal um dich.*

Nur so kannst du heilen. Dafür muss dein Körper zur Ruhe kommen. Raus aus dem Überlebensmodus, rein ins Fühlen, was leichter klingt, als es ist. Wir alle rennen mal vor unseren unangenehmen Gefühlen weg. Das ist ein natürlicher Schutzmechanismus der menschlichen Psyche. Wir rennen in den unterschiedlichsten Formen vor unseren Gefühlen weg. Immer mit etwas beschäftigt sein, sich keine Pausen gönnen, übermäßiger Social-Media- oder Drogen- und Alkoholkonsum sind typische Strategien. Das resultiert in einer dauernd anhaltenden Überaktivierung des Nervensystems und ist auf lange Sicht weder funktional noch gesund. Schaffe dir Räume, in denen deine Amygdala eine Pause hat. Das kann bedeuten, dass du in deinen Freundschaften bewusster wählst, mit wem du deine Zeit verbringst, und mehr Zeit alleine einplanst. Dafür musst du lernen, anderen Menschen gegenüber Grenzen zu setzen. Du bist für dein eigenes Wohlbefinden stärker verantwortlich als für das Wohlbefinden anderer Personen. Wenn nicht du, wer dann? Natürlich darfst du empathisch und hilfsbereit sein, dich um andere kümmern. Aber wenn du dabei dich selbst und deine Energieressourcen vernachlässigst, ist damit niemandem geholfen.

Nur indem du Grenzen setzt und dir sichere Räume schaffst, lernt deine Amygdala, dass sie nicht ständig feuern muss, und kann auch in Räumen, die dir vorher Angst gemacht haben, ruhiger sein. Schaffe dir also Momente, in denen du einfach *sein* kannst, ohne dich erklären zu müssen. Diese Räume zu finden ist Kleinarbeit. Frage dich bei jeder einzelnen Handlung davor und danach: Tut mir das gut? Wie sicher fühle ich mich hier? Du kannst nicht jede einzelne Lebenssituation nach diesem Prinzip gestalten. Aber du kannst Zeiten und Räume schaffen – und seien sie noch so kurz –, in denen du *sein* kannst. Für mich sind es Dinge wie Schreiben, Meditieren, Musik machen und ein kleiner Kreis an Freundinnen. Was ist es für dich?

Schritt 4: *Schaffe Verbindungen.*

Einer der schmerzhaftesten Teile von traumatischen Erfahrungen ist die Isolation. Das Gefühl, mit niemandem sprechen zu können und dass alles in einem verschlossenen, ohnmächtigen Raum passiert. Dieser Raum muss aufgebrochen werden. Kommuniziere, löse dich aus der isolierten, hilflosen Position und nimm wieder Kontakt zur Außenwelt auf. Indem du sprichst. Du verrätst und hintergehst niemanden, wenn du aussprichst, was dir passiert ist oder wie du etwas erlebt und empfunden hast. Rede mit Menschen, die bereit sind, deine Perspektive zu sehen. Menschen, die traumatische Erfahrungen gemacht haben, haben oft Schwierigkeiten, zu unterscheiden, wer ihnen guttut und wer nicht. Die unschöne Wahrheit ist, dass sich für solche Menschen Verbindungen, die auf gegenseitigem Vertrauen und der Sicherheit beruhen, dass keine Machtspiele stattfinden werden, oft langweilig anfühlen. Das liegt daran, dass der traumatisierte Körper einen gewissen Erregungszustand gewohnt ist, sodass die Ängstlichkeit, die aus unsicheren Verbindungen resultiert, als normal, sogar aufregend, anziehend und angenehm gewohnt empfunden wird. Deshalb machen traumatisierte Menschen so häufig wieder und wieder ähnliche ungesunde Bindungserfahrungen. Bitter, weil es gerade für sie maßgeblich ist, zu lernen, dass sie Menschen vertrauen können, ohne dabei anzunehmen, dass sie ihnen gleichzeitig schaden möchten. Es geht um die Erfahrung, dass es Menschen gibt, die ihre Macht ihnen gegenüber niemals bewusst ausspielen würden.

Deshalb ist es so wichtig, dass du Verbindungen schaffst, bei denen du ganz bewusst darauf achtest, wer dir wirklich und nachhaltig guttut. Wenn du merkst, dass Menschen deine Perspektive nicht sehen oder nachempfinden wollen, ist das keine Verbindung, in die du mehr Energie stecken solltest. Zumindest nicht, solange du noch mit Schuldgefühlen haderst. Das klingt radikal, ist aber wichtig. Du brauchst ein Umfeld, das dir klar zeigt, dass du dich nicht schuldig fühlen musst und dass dein Erleben genauso real und valide ist wie das jeder anderen Person.

Schritt 5: *Transformiere.*

Hol dir die Welt zurück. Das, was du erlebst, deine Erfahrungen, so wie du die Welt wahrnimmst – das alles hat dich zu der Person gemacht, die du heute bist. Sei stolz darauf. Dann nehmen auch die Schuldgefühle ab. Du hast viel Mist erlebt? Das bedeutet, du besitzt mehr emotionale Tiefe und Intelligenz als andere Menschen. Dass du in der Lage warst, schmerzhafte Erfahrungen zu verarbeiten, statt wegzurennen, zeigt, wie viel Energie in dir steckt, dass du ein:e Kämpfer:in bist. Wenn du bereit bist, deine Erfahrungen loszulassen, sie also zu akzeptieren, dich der Angst der Erinnerung zu stellen und keinen Widerstand mehr gegen die entstehenden Gefühle zu leisten, dann wird dadurch jede Menge Energie frei, die du für alles nutzen kannst, was dich wirklich erfüllt. So transformierst du deinen Schmerz und nutzt ihn funktional.

Es gibt viele Wege, sich selbst und damit auch die Welt ein kleines bisschen zu heilen, und jede Person ist auf dieser Reise genauso allein wie verbunden. Was ich gelernt habe, ist, dass klare Abgrenzung genauso wichtig ist wie stärkende Verbindungen. Mit Menschen, die deine Erfahrung teilen, und mit Menschen, die bereit sind, deine Perspektive zu sehen, anstatt sich blind zu stellen. Das Gegenteil von Angst ist nicht die Abwesenheit von Bedrohung. Es ist die authentische Verbindung zu Menschen, die dir empathisch begegnen. Jede Veränderung in der Menschheitsgeschichte hat damit begonnen, dass sich unser kollektives Bewusstsein zu einem Thema geändert hat. Deshalb ist es ein so rebellischer Akt, die eigenen Wunden zu betrachten und offen darüber zu sprechen. So entstehen Verbindungen, die stärker sind als das, was uns schadet, und die einen respektvollen Umgang miteinander ermöglichen.

Ich glaube nicht daran, dass wir jemals in einer Welt leben werden, in der es keine sexualisierte Gewalt und keinen Machtmissbrauch gibt. Woran ich aber fest glaube, ist, dass es eine Welt geben kann, in der sexualisierte Gewalt nicht toleriert wird. In der sie problematisiert und verurteilt wird. In der Betroffene den Schutz erhalten, den sie verdienen. Und in der ihnen vor allem geglaubt wird.

Epilog

Dieses Buch ist persönlicher und lauter geworden, als es sich für ein Sachbuch gehört. Während der letzten Monate habe ich mich immer wieder gefragt, ob ein Buch von einer Wissenschaftlerin das darf. Laut sein. Emotionen zeigen. Ob die Zahlen, Daten, Fakten in diesem Buch durch die Geschichten, die Gefühle und meine persönliche Einordnung unsachlich erscheinen. Ich glaube aber nicht mehr daran, dass Emotionalität und Rationalität im Widerspruch zueinander stehen – ganz im Gegenteil. Zahlen sind dafür da, unsere subjektiven Erfahrungen zu objektivieren. Zu behaupten, dass das eine im Widerspruch zum anderen stünde, ist auch nichts anderes, als Frauen ihre rationale Denkweise abzusprechen, wenn sie Emotionen zeigen.

Und obwohl es kein Widerspruch ist: Die Trennung zwischen einzelnen Erfahrungen und einem statistischen Effekt ist sehr wichtig. Wir müssen zwischen beidem trennen, um zwischen dem Einzelnen und dem Strukturellen unterscheiden zu können, also dem, was systematisch vielen Menschen passiert – so wie sexualisierte Gewalt, die eben kein Einzelfall ist. Das ist das Ergebnis der Wissenschaft, und ich spreche hiermit offiziell jeder Person ihre Objektivität ab, die das dennoch behauptet.

Inzwischen glaube ich, dass ein Buch über sexualisierte Gewalt beides braucht. Denn es fehlen entscheidende Teile, wenn die Geschichten nicht durch die Zahlen flankiert werden. Und gesellschaftspolitische Forderungen würden weiter als hysterischer Unfug von ein paar Feminist:innen abgetan, wenn wir uns nicht mit dem Leid der Betroffenen aus erster Hand befassen und aufzeigen, dass das System hat.

Mit dem Schreiben dieses Buches endet für mich auch persönlich ein sehr wildes Kapitel in meinem Leben. Ein Kapitel, in dem ich mehr über mich und die Welt gelernt habe als jemals zuvor. Zu sagen, ich wäre dankbar dafür, dass mein Leben all diese unerwarteten, schmerzhaften Wendungen genommen hat, wäre gelogen. Wofür ich aber sehr dankbar bin, ist, dass ich dadurch gelernt habe, mich meinen Dämonen, meinen Ängsten, zu stellen und sie zu überwinden. Ich habe gelernt, dass die Verbindungen, die ich eingehe, wenn ich mich Menschen gegenüber verletzlich mache, stärker sind, als jede Angst je sein könnte. Und dass Liebe das Gegenteil von Macht ist. Gefühle von Schuld und Scham haben mich lange Zeit meines Lebens davon abgehalten, den Raum einzunehmen, der mir genauso zusteht wie jeder anderen Person.

Das Problem der sexualisierten Gewalt wird zum Problem all jener Menschen gemacht, die in dieser Gesellschaft in einem weiblichen Körper geboren werden oder sich den Erwartungen widersetzen, in ein binäres Geschlechtersystem aus »Mann« und »Frau« zu passen. Und das nicht, weil Eva in den blöden Apfel gebissen hat, sondern weil es Strukturen gibt, die Betroffene mundtot machen und das Problem damit fortschreiben. Diese kollektive Asymmetrie in der Schuldverteilung muss aufgelöst werden. Der Gerichtsaal wird nicht der Ort sein, an dem das passiert. Denn die Wahrheit ist komplex. Sichtweisen können nebeneinander koexistieren. Es muss nicht immer eine Partei schuldig gesprochen werden. Vielmehr geht es darum, zuzuhören, zu sprechen, hinzugucken und mitzufühlen. Wir müssen darüber sprechen können, wenn jemand unsere Grenzen überschreitet. Ein Thema, das so zentral für unsere psychische Gesundheit ist, einfach zu ignorieren, ist ein Risiko für unsere Psyche – und damit auch für unsere Körper.

Das Thema, über das ich spreche, tritt vielen auf den Schlips, und gleichzeitig bin ich durch das Erzählen meiner eigenen Geschichte angreifbar. Trotzdem: Es gibt nichts Befreienderes, als die eigene Wahrheit auszusprechen. Gerade, wenn das lange nicht möglich war. Dass ich irgendwann wieder so glücklich sein werde, wie ich es heute bin, war lange Zeit unvorstellbar für mich. In dem Kampf, den ich dafür ausgefochten habe, ging es viel darum, dafür einzustehen, dass ich als ganzheitliches Wesen existieren und Raum einnehmen darf. Es ging darum, den Stimmen, die mich kleinhalten wollten, entschieden etwas zu entgegnen – egal, ob es sich um unschöne Reaktionen aus meinem Umfeld, schädliche gesellschaftliche Narrative oder die internalisierten Täterstimmen in meinem Kopf handelte. Diese Befreiung wird mir nichts und niemand mehr nehmen können. Ich hoffe, dass ich andere Menschen dazu anstiften kann, sich ihren eigenen Dämonen zu stellen und für sich selbst und andere Partei zu ergreifen, denen Unrecht geschieht.

Dank

Danke an alle Betroffenen, die in diesem Buch zu Wort kommen. Für euer Vertrauen in mich und die Sache. Ich danke meiner Schwester P. Danke, dass du meine Wut gespürt hast, wenn ich es nicht konnte, und mir beigebracht hast, dass sie mich stärker macht. Meiner Schwester K., weil du mir vorlebst, wie glücklich mich gesunde Grenzen machen können und dass ein sicheres Leben alles andere als langweilig ist. Ich danke meinen vielen anderen Schwestern. Victoria, danke, dass du für mich stark warst, als ich es nicht konnte, und vor allem, dass du dich von mir hast auffangen lassen, wenn du müde warst. So haben wir gemeinsam gelernt, dass Kämpfen beides ist. Ich danke meinen anderen Kolleginnen des Lehrstuhls. Für eure Ehrlichkeit und euer Vertrauen. Lill, ein Skorpion wird eigentlich durch das eigene Gift geschützt, aber wirklich entspannen kann er nur unter Gleichgesinnten. Danke, dass ich bei dir *sein* darf und du mich bedingungslos unterstützt. S., dein scharfsinniger und liebevoller Blick lehrt mich, immer noch ein bisschen genauer hinzufühlen, danke dafür. M., für dich wurde das Wort *Badass* erfunden, du bist mein Powerhouse, ein Vorbild in jeder Hinsicht. Danke, dass du mir beibringst, mich nicht unnötig zu entschuldigen. J., danke, dass du mir zeigst, was auf sich selbst stolz sein bedeutet und dass Intuition, Kunst und Kreativität das Gegengift einer guten Hexe sind. N., danke für eine lebenslange Seelenschwesternschaft, die mir beibringt, dass Liebe auch bedeutet, die schwierigen Zeiten zusammen durchzustehen. Dinah, ich liebe einfach alles an unserer Freundschaft. Du und die Kohorte geben mir Hoffnung, dass die feministische Revolution längst stattfindet. A., danke für dein intuitives Verständnis von mir und dein beständiges Für-mich-da-Sein. Du siehst mich nicht nur oft klarer als ich mich selbst, sondern bringst mir auch bei, dass ich so, wie ich bin, liebenswert bin. L., du bist der Inbegriff von Fürsorge, Akzeptanz und Empathie. Danke für mein ALF-Zuhause. V., wer ähnliche Wunden hat, bekommt den Spiegel, den es für das Selbstmitgefühl braucht. Danke, dass du meiner bist. M. + A. + N., eure Familie zeigt mir, dass Beziehungen dafür da sind, aneinander zu wachsen und das Ego beiseitezupacken, danke dafür. Ich danke auch meinem lieben Fufas – durch euch habe ich gelernt, was Freiheit bedeutet, dass maximal viel Spaß zum Leben dazugehört und dass ich selbst entscheide, was Familie für mich ist. Ich danke meiner Chefin Sabine. Dafür, dass du den Weg für mich und viele andere Frauen geebnet hast und du uns zeigst, dass sich die verrücktesten Pfade auftun, wenn wir uns nicht einreden lassen, dass wir irgendwo nicht hingehören. Ich danke meinen Eltern für alles, was sie mir mitgegeben haben. Vor allem aber danke ich meiner Therapeutin Frau T. Danke, dass Sie Frau Honig sind.

Ich danke meinen Lektorinnen Silvie Horch und Marieke Schönian. Danke, dass ihr mein Buch begleitet und es so viel besser gemacht habt. Ich danke dir, Gila Keplin, dass du mich an diesem verwirrenden Punkt in meinem Leben gefunden hast und in mir nicht nur die Idee für dieses Buch gepflanzt hast, sondern mir auch die Unterstützung gabst, die ich brauchte, um meine Stimme lauter werden zu lassen.

Quellen

Vorwort

1. Holzbecher M, Deutschland, Deutschland, eds. *Sexuelle Belästigung am Arbeitsplatz.* Kohlhammer; 1990.

Vom Traumjob in die Hölle

2. Saxler F, Sczesny S, Krahé B. Detrimental effects of sexual harassment experiences at work on self-blame and self-ascribed agency. *Manuscr Prep.*
3. Shupe EI. Beneath the Surface of the Sexual Harassment Label: A Mixed Methods Study of Young Working Women. *Sex Roles.* 2020;83(3–4):179–192. doi:10.1007/s11199-019-01106-z
4. Jaschik ML, Fretz BR. Women's perceptions and labeling of sexual harassment. *Sex Roles.* 1991;25(1–2):19–23. doi:10.1007/BF00289313
5. Hudson B. Restorative Justice and Gendered Violence: Diversion or Effective Justice? *Br J Criminol.* 2002;42(3):616–634. doi:10.1093/bjc / 42.3.616

Was ist eigentlich Belästigung?

6. Berdahl JL. The sexual harassment of uppity women. *J Appl Psychol.* 2007;92(2):425–437. doi:10.1037/0021-9010.92.2.425
7. Lim S, Cortina LM. Interpersonal Mistreatment in the Workplace: The Interface and Impact of General Incivility and Sexual Harassment. *J Appl Psychol.* 2005;90(3):483–496. doi:10.1037/0021-9010.90.3.483

8. Stark S, Chernyshenko OS, Lancaster AR, Drasgow F, Fitzgerald LF. Toward Standardized Measurement of Sexual Harassment: Shortening the SEQ-DoD Using Item Response Theory. *Mil Psychol.* 2002;14(1):49–72. doi:10.1207/S15327876MP1401_03

Überlebensmodus

9. Cannon WB, Cannon CJ. *The Wisdom of the Body: How the Human Body Reacts to Disturbance and Danger and Maintains the Stability Essential to Life.* Rev. and enl. ed. Renewed. Norton; 1967.
10. Maron-Katz A, Ben-Simon E, Sharon H, Gruberger M, Cremer D. A neuroscientific perspective on meditation. *Psychol Medit.* 2014;99–128. https://www.researchgate.net/profile/Eti-Ben-Simon/publication/271173240_A_Neuroscientific_Perspective_on_Meditation/links/5534dad70cf2ea51c1334b64/A-Neuroscientific-Perspective-on-Meditation.pdf
11. Taylor SE, Klein LC, Lewis BP, Gruenewald TL, Gurung RAR, Updegraff JA. Biobehavioral responses to stress in females: Tend-and-befriend, not fight-or-flight. *Psychol Rev.* 2000;107(3):411–429. doi:10.1037/0033-295X.107.3.411
12. Leach J. Why people ›freeze‹ in an emergency: temporal and cognitive constraints on survival responses. Aviation, space, and environmental medicine. 2004;75(6):539–542.
13. Carré JM, Archer J. Testosterone and human behavior: the role of individual and contextual variables. *Curr Opin Psychol.* 2018;19:149–153. doi:10.1016/j.copsyc.2017.03.021
14. D'Andrea S, Spaggiari G, Barbonetti A, Santi D. Endogenous transient doping: physical exercise acutely increases testosterone levels—results from a meta-analysis. *J Endocrinol Invest.* 2020;43(10):1349–1371. doi:10.1007/s40618-020-01251-3
15. Saxler F, Krahé B, Sczesny S. Acknowledgement of sexual harassment. *Manuscr Prep.*
16. Ho IK, Dinh KT, Bellefontaine SA, Irving AL. Sexual Harassment and Posttraumatic Stress Symptoms among Asian and White Women. *J Aggress Maltreatment Trauma.* 2012;21(1):95–113. doi:10.1080/10926771.2012.633238
17. Rospenda KM, Richman JA, Shannon CA. Prevalence and Mental Health Correlates of Harassment and Discrimination in the

Workplace: Results From a National Study. *J Interpers Violence.* 2009;24(5):819–843. doi:10.1177/0886260508317182
18. Harned MS, Fitzgerald LF. Understanding a link between sexual harassment and eating disorder symptoms: A mediational analysis. *J Consult Clin Psychol.* 2002;70(5):1170–1181. doi:10.1037/0022-006X.70.5.1170
19. Vargas EA, Brassel ST, Cortina LM, Settles IH, Johnson TRB, Jagsi R. #MedToo: A Large-Scale Examination of the Incidence and Impact of Sexual Harassment of Physicians and Other Faculty at an Academic Medical Center. *J Womens Health.* 2020;29(1):13–20. doi:10.1089/jwh.2019.7766

Belästigung und Geschlecht

20. McDonald P. Workplace Sexual Harassment 30 Years on: A Review of the Literature. *Int J Manag Rev.* 2012;14(1):1–17. doi:10.1111/j.1468-2370.2011.00300.x
21. Rotundo M, Nguyen DH, Sackett PR. A meta-analytic review of gender differences in perceptions of sexual harassment. *J Appl Psychol.* 2001;86(5):914–922. doi:10.1037/0021-9010.86.5.914
22. Gerrity DA. Male university employees' experiences of sexual harassment–related behaviors. *Psychol Men Masculinity.* 2000;1(2):140–151. doi:https://doi.org/10.1037/1524-9220.1.2.140
23. Pina A, Gannon TA, Saunders B. An overview of the literature on sexual harassment: Perpetrator, theory, and treatment issues. *Aggress Violent Behav.* 2009;14(2):126–138. doi:10.1016/j.avb.2009.01.002
24. Konik J, Cortina LM. Policing Gender at Work: Intersections of Harassment Based on Sex and Sexuality. *Soc Justice Res.* 2008;21(3):313–337. doi:10.1007/s11211-008-0074-z
25. Berdahl JL, Moon SH. Workplace Mistreatment of Middle Class Workers Based on Sex, Parenthood, and Caregiving. *J Soc Issues.* 2013;69(2):341–366. doi:10.1111/josi.12018
26. Alonso N. Playing to Win: Male–Male Sex-Based Harassment and the Masculinity Contest. *J Soc Issues.* 2018;74(3):477–499. doi:10.1111/josi.12283
27. Rudman LA, Moss-Racusin CA, Phelan JE, Nauts S. Status in-

congruity and backlash effects: Defending the gender hierarchy motivates prejudice against female leaders. *J Exp Soc Psychol.* 2012;48:165–179. https://doi.org/10.1016/j.jesp.2011.10.008

28. Grabowski M, Dinh TK, Wu W, Stockdale MS. The sex-based harassment inventory: A gender status threat measure of sex-based harassment Intentions. *Sex Roles.* Published online 2022:1–19. https://link.springer.com/article/10.1007/s11199-022-01294-1
29. Berdahl JL, Cooper M, Glick P, Livingston RW, Williams JC. Work as a masculinity contest. *J Soc Issues.* 2018;74:422–448. doi:10.1111/josi.12289
30. Cortina LM, Areguin MA. Putting People Down and Pushing Them Out: Sexual Harassment in the Workplace. *Annu Rev Organ Psychol Organ Behav.* 2021;8(1):285–309. doi:10.1146/annurev-orgpsych-012420-055606

Macht am Arbeitsplatz

31. Llanque M. Max Weber, Wirtschaft und Gesellschaft. Grundriss der verstehenden Soziologie, Tübingen 1922. In: Kailitz S, ed. *Schlüsselwerke der Politikwissenschaft.* VS Verlag für Sozialwissenschaften; 2007:489–493. doi:10.1007/978-3-531-90400-9_129
32. Belmi P, Laurin K. Who wants to get to the top? Class and lay theories about power. *J Pers Soc Psychol.* 2016;111(4):505–529. doi:10.1037/pspi0000060
33. Marta. The Women of Picasso: Picasso Love Life.https://www.foreverbarcelona.com/women-of-picasso-love-life/.

Mythos Belästigung

34. Lonsway KA, Cortina LM, Magley VJ. Sexual harassment mythology: Definition, conceptualization, and measurement. *Sex Roles.* 2008;58:599–615. https://doi.org/10.1007/s11199-007-9367-1

Wer wird zum Belästiger?

35. Parrott DJ, Leone RM, Schipani-McLaughlin AM, Salazar LF, Nizam Z, Gilmore A. Alcohol-Related Sexual Violence Perpetration Toward Sexual and Gender Minority Populations: A Critical Review and Call to Action. In: DiLillo D, Gervais SJ, McChargue DE, eds. *Alcohol and Sexual Violence.* Vol 68. Nebraska Symposium

on Motivation. Springer International Publishing; 2023:105–138. doi:10.1007/978-3-031-24426-1_5

36. Lipinski A. *UniSAFE – Ending Gender-Based Violence.* https://unisafe-gbv.eu/outputs/publications/
37. Pryor JB. Sexual harassment proclivities in men. *Sex Roles.* 1987;17(5–6):269–290. doi:10.1007/BF00288453
38. Stockdale MS, Gilmer DO, Dinh TK. Dual effects of self-focused and other-focused power on sexual harassment intentions. *Equal Divers Incl Int J.* 2019;39(1):17–37. doi:10.1108/EDI-09-2018-0160
39. Galdi S, Guizzo F. Media-Induced Sexual Harassment: The Routes from Sexually Objectifying Media to Sexual Harassment. *Sex Roles.* 2021;84(11–12):645–669. doi:10.1007/s11199-020-01196-0
40. Dinh TK, Mikalouski L, Stockdale MS. When »good people« sexually harass: The role of power and moral licensing on sexual harassment perceptions and intentions. *Psychol Women Q.* 2022;46:278–298. doi:10.1177/03616843221099199
41. Gathier AW, Verhoeven JE, Van Oppen PC, et al. Design and rationale of the REStoring mood after early life trauma with psychotherapy (RESET-psychotherapy) study: a multicenter randomized controlled trial on the efficacy of adjunctive trauma-focused therapy (TFT) versus treatment as usual (TAU) for adult patients with major depressive disorder (MDD) and childhood trauma. *BMC Psychiatry.* 2023;23(1):41. doi:10.1186/s12888-023-04518-0
42. Holm-Hadulla RM. *Die kreative Bewältigung von Verzweiflung, Hass und Gewalt: Was wir von Madonna, Mick Jagger und Co. lernen können.* Psychosozial-Verlag; 2023. doi:10.30820/9783837979688
43. DSTATIS SB. *Bevölkerung: Sterbefälle und Lebenserwartung.* https://www.destatis.de/DE/Themen/Gesellschaft-Umwelt/Bevoelkerung/Sterbefaelle-Lebenserwartung/_inhalt.html
44. Möller-Leimkühler AM. The gender gap in suicide and premature death or: why are men so vulnerable? *Eur Arch Psychiatry Clin Neurosci.* 2003;253(1):1–8. doi:10.1007/s00406-003-0397-6

Das perfekte Opfer

45. Howard JA. The »Normal« Victim: The Effects of Gender Stereotypes on Reactions to Victims. *Soc Psychol Q.* 1984;47(3):270. doi:10.2307/3033824
46. Capezza NM, Arriaga XB. Why do People Blame Victims of Abuse? The Role of Stereotypes of Women on Perceptions of Blame. *Sex Roles.* 2008;59(11–12):839–850. doi:10.1007/s11199-008-9488-1
47. Krahé B. Societal Responses to Sexual Violence Against Women: Rape Myths and the »Real Rape« Stereotype. In: Kury H, Redo S, Shea E, eds. *Women and Children as Victims and Offenders: Background, Prevention, Reintegration.* Springer International Publishing; 2016:671–700. doi:10.1007/978-3-319-08398-8_24
48. McKimmie BM, Masser BM, Bongiorno R. What Counts as Rape? The Effect of Offense Prototypes, Victim Stereotypes, and Participant Gender on How the Complainant and Defendant are Perceived. *J Interpers Violence.* 2014;29(12):2273–2303. doi:10.1177/0886260513518843
49. Miethe TD, Meier RF. Opportunity, Choice, and Criminal Victimization: A Test of a Theoretical Model. *J Res Crime Delinquency.* 1990;27(3):243–266. doi:10.1177/0022427890027003003
50. Krahé B, Temkin J, Bieneck S. Schema-driven information processing in judgements about rape. *Appl Cogn Psychol.* 2007;21(5):601–619. doi:10.1002/acp.1297
51. van der Bruggen M, Grubb A. A review of the literature relating to rape victim blaming: An analysis of the impact of observer and victim characteristics on attribution of blame in rape cases. *Aggress Violent Behav.* 2014;19(5):523–531. doi:10.1016/j.avb.2014.07.008
52. Lapshina N, Grabarski MK. Double disadvantage: Disability and gender in the context of workplace harassment. *Consult Psychol J.* 2023;75(3):277–296. doi:10.1037/cpb0000244
53. McLaughlin H, Uggen C, Blackstone A. Sexual harassment, workplace authority, and the paradox of power. *Am Sociol Rev.* 2012;77:625–647. doi:10.1177/0003122412451728
54. Saxler F, Sczesny S, Hegarty P. Cracking the blame game in bisexual victims of sexual workplace harassment. *Manuscr Prep.*

55. Roscigno VJ. Discrimination, Sexual Harassment, and the Impact of Workplace Power. *Socius Sociol Res Dyn World.* 2019;5:237802311985389. doi:10.1177/2378023119853894
56. Fitzgerald L. Unseen: the sexual harassment of low-income women in America. *Equal Divers Incl Int J.* 2019;39(1):5–16. doi:10.1108/EDI-08-2019-0232

Wer wird gehört?

57. Easteal P, Holland K, Judd K. Enduring themes and silences in media portrayals of violence against women. *Womens Stud Int Forum.* 2015;48:103–113. doi:10.1016/j.wsif.2014.10.015
58. Henley NM, Miller M, Beazley JA. Syntax, Semantics, and Sexual Violence: Agency and the Passive Voice. *J Lang Soc Psychol.* 1995;14(1–2):60–84. doi:10.1177/0261927X95141004
59. Jimenez J. Race, Language, and the Passive Voice: Hardship narratives in US Social Studies Textbooks from 1860 to the present. *J Soc Stud Educ Res.* 2020;11(2):1–26.
60. Fischer-Homberger E. Hysterie und Misogynie: ein Aspekt der Hysteriegeschichte: aus dem Medizinhistorischen Institut der Universität Zürich. Published online 1969. doi:10.5169/SEALS-520572
61. Kahneman D, Tversky A. Choices, values, and frames. *Am Psychol.* 1984;39(4):341–350. doi:10.1037/0003-066X.39.4.341
62. Diehl C, Glaser T, Bohner G. Face the consequences: Learning about victim's suffering reduces sexual harassment myth acceptance and men's likelihood to sexually harass. *Aggress Behav.* 2014;40(6):489–503. doi:10.1002/ab.21553
63. Vescio TK, Sechrist GB, Paolucci MP. Perspective taking and prejudice reduction: the mediational role of empathy arousal and situational attributions. *Eur J Soc Psychol.* 2003;33(4):455–472. doi:10.1002/ejsp.163
64. Schwerdtner L. *Sprechen und Schweigen über sexualisierte Gewalt: ein Plädoyer für Kollektivität und Selbstbestimmung.* 1. Auflage. edition assemblage; 2021.

Toxisches Arbeitsumfeld

65. Bundeszentrale für Politische Bildung. *Arbeitszeit Und Arbeitsvolumen.*; 2019. https://www.bpb.de/kurz-knapp/zahlen-und-fakten/soziale-situation-in-deutschland/61711/arbeitszeit-und-arbeitsvolumen/
66. Jahya A. Understanding sexual harassment: Predictors and consequences. *J Hum Resour Manag Labor Stud.* 2(2):25–33. http://jhrmls.com/
67. Willness CR, Steel P, Lee K. A meta-analysis of the antecedents and consequences of workplace sexual harassment. *Pers Psychol.* 2007;60:127–162. doi:10.1111/j.1744-6570.2007.00067.x

Brauchen wir neue Gesetze?

68. Statistisches Bundesamt. *Wo bleibt die Zeit? Ergebnisse zur Zeitverwendung in Deutschland 2022.* https://www.destatis.de/DE/Themen/Gesellschaft-Umwelt/Einkommen-Konsum-Lebensbedingungen/Zeitverwendung/Ergebnisse/_inhalt.html#:~:text=Fast%20zwei%20Drittel%20ihrer%2045,mehr%20unbezahlte%20Arbeit%20als%20M%C3%A4nner.
69. Bundesrecht – tagaktuell konsolidiert – alle Fassungen seit 2006. § 2 – Beschäftigtenschutzgesetz (BSchG k.a.Abk.) § 2 Schutz vor sexueller Belästigung. https://www.buzer.de/gesetz/664/a8521.htm
70. Pflüger A, Baer S, Schlick G, Büchs M, Kalender U. *Beschäftigtenschutzgesetz in der Praxis.*; 2002. chrome-extension://efaidnbmnnnibpcajpcglclefindmkaj/https://www.bmfsfj.de/resource/blob/84058/21935c04f7448655a6f5789ccdceea19/beschaeftigtenschutzgesetz-data.pdf
71. Bundesarbeitsgericht. *Urteil Vom 29.06.2017.*; 2017. https://openjur.de/u/2132460.html
72. UN WOMEN. *Gender-Related Killings of Women and Girls (Femicide/Feminicide) Global Estimates of Female Intimate Partner/Family-Related Homicides in 2022.* chrome-extension://efaidnbmnnnibpcajpcglclefindmkaj/https://www.unodc.org/documents/data-and-analysis/briefs/Femicide_brief_2023.pdf
73. *Bundesministerium des Innern und für Heimat.*; 2023. https://www.bmi.bund.de/SharedDocs/schwerpunkte/DE/gewalt-ge-

gen-frauen/gewalt-gegen-frauen-artikel.html#:~:text=Dabei%20 ist%20sie%20Alltag%20in,von%20innerfamili%C3%A4rer%20 Gewalt%20wurden%20erfasst.
74. Hinz JV. Femizid: Mord an Frauen, weil sie Frauen sind. https://www.mdr.de/nachrichten/deutschland/panorama/mord-femizide-studie-praevention-100.html. Published 2022.
75. Erl C. Der alltägliche Mordversuch.https://www.tagesschau.de/inland/gesellschaft/femizide-101.html. Published 2023.
76. Glick P, Fiske ST. The ambivalent sexism inventory: Differentiating hostile and benevolent sexism. *J Pers Soc Psychol.* 1996;70(3):491–512. doi:10.1037/0022-3514.70.3.491

Wut statt Schuld

77. Benetti-McQuoid J, Bursik K. Individual differences in experiences of and responses to guilt and shame: Examining the lenses of gender and gender role. *Sex Roles.* 2005;53(1–2):133–142. doi:10.1007/s11199-005-4287-4
78. Gapp K, Jawaid A, Sarkies P, et al. Implication of sperm RNAs in transgenerational inheritance of the effects of early trauma in mice. *Nat Neurosci.* 2014;17(5):667–669. doi:10.1038/nn.3695
79. Bundesregierung. *Der Gleichstellungsauftrag des Grundgesetzes.*; 2024. https://www.bundesregierung.de/breg-de/themen/75-jahre-grundgesetz/gleichberechtigung-grundgesetz-2262564
80. Taylor JB. *My Stroke of Insight: A Brain Scientist's Personal Journey.* Plume; 2009.

© Elisa Mux

Franziska Saxler, geboren 1993, ist studierte Psychologin und engagiert sich leidenschaftlich für faktenbasierte Aufklärung und Wissenschaftskommunikation. Im Rahmen ihrer Doktorarbeit erforscht sie die Mechanismen und Konsequenzen sexualisierter Belästigung am Arbeitsplatz und widmet sich der interkulturellen Geschlechterforschung.

2022 initiierte sie gemeinsam mit anderen Wissenschaftlerinnen die Initiative #metooscience, um über Machtmissbrauch und sexualisierte Gewalt aufzuklären. Ihr Ziel ist es, theoretisches Wissen aus der Forschung einer breiten Masse zugänglich zu machen, um Mythen über Belästigung mithilfe von Forschungsbefunden zu entkräften und dadurch die Perspektiven von Betroffenen zu stützen. Heute ist die Psychologin und Autorin unter anderem Podcasterin bei den »Trashologinnen«. Auf allen Plattformen setzt sie sich dafür ein, dass Betroffenen zugehört wird und Perspektiven Beachtung finden, die oft vernachlässigt werden.